AF283882

SSC_A_1401_05. Evaluación de actuaciones de comunicación e información desde la perspectiva de género

Eva Díaz San Emeterio

SSC_A_1401_05. Evaluación de actuaciones de comunicación e información desde la perspectiva de género
© Eva Díaz San Emeterio

1ª Edición

© IC Editorial, 2026

Editado por: IC Editorial
c/ Cueva de Viera, 2, Local 3
Centro Negocios CADI
29200 Antequera (Málaga)
Teléfono: 952 70 60 04
Fax: 952 84 55 03
Correo electrónico: iceditorial@iceditorial.com
Internet: www.iceditorial.com

IC Editorial ha puesto el máximo empeño en ofrecer una información completa y precisa. Sin embargo, no asume ninguna responsabilidad derivada de su uso, ni tampoco la violación de patentes ni otros derechos de terceras partes que pudieran ocurrir. Mediante esta publicación se pretende proporcionar unos conocimientos precisos y acreditados sobre el tema tratado. Su venta no supone para **IC Editorial** ninguna forma de asistencia legal, administrativa ni de ningún otro tipo.

Reservados todos los derechos de publicación en cualquier idioma.

Cualquier forma de reproducción, distribución, comunicación pública o transformación de esta obra solo puede ser realizada con la autorización de sus titulares, salvo excepción prevista por la ley. Diríjase a CEDRO (Centro Español de Derechos Reprográficos) si necesita fotocopiar o escanear algún fragmento de esta obra (www.cedro.org).

Según el Código Penal, el contenido está protegido por la ley vigente que establece penas de prisión y/o multas a quienes intencionadamente reprodujeren o plagiaren, en todo o en parte, una obra literaria, artística o científica.

ISBN: 979-13-7027-151-0
Depósito Legal: MA 280-2026

Impresión: PODiPrint
Impreso en Andalucía – España

Nota de la editorial: IC Editorial pertenece a Innovación y Cualificación S. L.

Presentación del manual

El **Certificado Profesional,** anteriormente llamado Certificado de Profesionalidad, constituye el Grado C en el Sistema de Formación Profesional, asociado a un perfil profesional. Acredita la capacitación para el desarrollo de una actividad profesional concreta a través de las competencias adquiridas. Tiene carácter parcial y acumulable cuando existan Ciclos Formativos (Grado D) en los que sus módulos profesionales se encuentren contenidos en su totalidad o en parte.

El elemento mínimo acreditable es el **Estándar de Competencia.** La suma de las acreditaciones de los Estándares de Competencia conforma la acreditación del **Módulo Profesional** (Grado B).

Un Estándar de Competencia se define como una agrupación de tareas productivas que realiza el profesional. Los diferentes Estándares de Competencia de un Certificado Profesional conforman la **Competencia General.** Definiendo el conjunto de conocimientos y capacidades que permiten el ejercicio de una actividad profesional determinada.

Cada Estándar o Estándares de Competencia lleva asociado un Módulo Profesional, donde se describe la formación necesaria para adquirir ese Estándar de Competencia, pudiendo dividirse en **Bloques Formativos** (Grado A).

El presenta manual desarrolla el Bloque Formativo **SSC_A_1401_05. Evaluación de actuaciones de comunicación e información desde la perspectiva de género,**

Perteneciente al Módulo Profesional **SSC_B_1401. Información y comunicación con perspectiva de género,**

Asociado al Estándar/Estándares de Competencia:

⇨ **UC1453_3:** Promover y mantener canales de comunicación en el entorno de intervención, incorporando la perspectiva de género.

del Certificado Profesional **SSC_C_009_5B. Intervención para la promoción de la igualdad de género en el ámbito comunitario y organizacional y la participación social de las mujeres**

SSC_A_1401_05
EVALUACIÓN DE ACTUACIONES DE COMUNICACIÓN E INFORMACIÓN DESDE LA PERSPECTIVA DE GÉNERO

Tiene asociado el

ESTÁNDARES DE COMPETENCIA
UC1453_3

Compuesto de los siguientes
BLOQUES FORMATIVOS

TÍTULOS

SSC_A_1401_01. Análisis de los procesos de comunicación desde la perspectiva de género

SSC_A_1401_02. Detección de situaciones de discriminación por razón de género en los procesos de comunicación e información

SSC_A_1401_03. Diseño de actuaciones de comunicación e información desde la perspectiva de género

SSC_A_1401_04. Implementación de actuaciones de comunicación e información no sexistas

SSC_A_1401_05. Evaluación de actuaciones de comunicación e información desde la perspectiva de género

Contenidos desarrollados en este manual

FICHA DE CERTIFICADO PROFESIONAL

SSC_C_009_5B. INTERVENCIÓN PARA LA PROMOCIÓN DE LA IGUALDAD DE GÉNERO EN EL ÁMBITO COMUNITARIO Y ORGANIZACIONAL Y LA PARTICIPACIÓN SOCIAL DE LAS MUJERES
(Real Decreto 208/2025, de 18 de marzo)

COMPETENCIA GENERAL: Programar, desarrollar y evaluar intervenciones relacionadas con la promoción de la igualdad de género y la participación social de las mujeres, aplicando estrategias y técnicas del ámbito de la intervención social y detectando situaciones de riesgo de discriminación por razón de sexo.

Estándares de Competencias Profesionales		Ocupaciones o puestos de trabajo relacionados
UC1020_3	Establecer y mantener relación con los principales agentes comunitarios: población, técnicos y administraciones, dinamizando la relación recíproca entre ellos.	
UC1021_3	Promover la participación ciudadana en los proyectos y recursos comunitarios.	
UC1023_3	Intervenir, apoyar y acompañar en la creación y desarrollo del tejido asociativo.	
UC1025_3	Aplicar procesos y técnicas de mediación en la gestión de conflictos entre agentes comunitarios.	• Promotores/as de igualdad de trato y de oportunidades entre mujeres y hombres.
UC1453_3	Promover y mantener canales de comunicación en el entorno de intervención, incorporando la perspectiva de género.	• Promotores/as para la igualdad efectiva de mujeres y hombres.
UC1582_3	Detectar e informar a organizaciones, empresas, mujeres y agentes del entorno de intervención sobre relaciones laborales y la creación, acceso y permanencia del empleo en condiciones de igualdad efectiva de mujeres y hombres.	• Técnicos/as de apoyo en materia de igualdad efectiva de mujeres y hombres.
UC1583_3	Participar en la detección, análisis, implementación y evaluación de proyectos para la igualdad efectiva de mujeres y hombres.	
UC1454_3	Favorecer la participación de las mujeres y la creación de redes estables que, desde la perspectiva de género, impulsen el cambio de actitudes en la sociedad y el «empoderamiento» de las mujeres.	

Correspondencia con el Catálogo Modular de Formación Profesional		
Módulos profesionales	**Bloques formativos**	**Horas**
SSC_B_1128. Desarrollo comunitario (100 h)	SSC_A_1128_01. Diseño de proyectos comunitarios	15
	SSC_A_1128_02. Realización de actividades para promover la participación ciudadana en procesos comunitarios	20
	SSC_A_1128_03. Aplicación de recursos y estrategias para promover la comunicación y el intercambio de información entre los agentes comunitarios	15
	SSC_A_1128_04. Apoyo y soporte técnico al tejido asociativo	15
	SSC_A_1128_05. Desarrollo de procesos de mediación comunitaria	20
	SSC_A_1128_06. Realización de actividades de evaluación de los proyectos comunitarios	15

>>>

Correspondencia con el Catálogo Modular de Formación Profesional		
Módulos profesionales	**Bloques formativos**	**Horas**
SSC_B_1401. Información y comunicación con perspectiva de género (250 h)	SSC_A_1401_01. Análisis de los procesos de comunicación desde la perspectiva de género	50
	SSC_A_1401_02. Detección de situaciones de discriminación por razón de género en los procesos de comunicación e información	55
	SSC_A_1401_03. Diseño de actuaciones de comunicación e información desde la perspectiva de género	55
	SSC_A_1401_04. Implementación de actuaciones de comunicación e información no sexistas	45
	SSC_A_1401_05. Evaluación de actuaciones de comunicación e información desde la perspectiva de género	**45**
SSC_B_1403. Promoción del empleo femenino (250 h)	SSC_A_1403_01. Caracterización de la situación de la mujer en materia de empleo	45
	SSC_A_1403_02. Organización de actividades de promoción de igualdad efectiva en materia de empleo	50
	SSC_A_1403_03. Organización de actividades de asesoramiento y prospección de empresas	55
	SSC_A_1403_04. Desarrollo de procesos de orientación e información a las mujeres en materia de empleo	55
	SSC_A_1403_05. Realización de actividades de seguimiento del proceso de promoción del empleo	45
SSC_B_1404. Ámbitos de intervención para la promoción de igualdad (190 h)	SSC_A_1404_01. Caracterización del entorno de intervención desde la perspectiva de género	30
	SSC_A_1404_02. Diseño de estrategias para la igualdad efectiva entre hombres y mujeres	25
	SSC_A_1404_03. Organización de acciones para informar y sensibilizar sobre el trabajo no remunerado de las mujeres en el ámbito doméstico	30
	SSC_A_1404_04. Aplicación de estrategias para informar y sensibilizar sobre las medidas de conciliación en los diferentes ámbitos y contextos de intervención	25
	SSC_A_1404_05. Realización de actividades de control y seguimiento de la intervención en materia de igualdad efectiva	30
SSC_B_1405. Participación social de las mujeres (100 h)	SSC_A_1405_01. Caracterización de la participación social de las personas	15
	SSC_A_1405_02. Diseño de estrategias para promover la participación social de las mujeres en el ámbito público	15
	SSC_A_1405_03. Diseño de estrategias para promover el empoderamiento de las mujeres	15
	SSC_A_1405_04. Desarrollo de estrategias de intervención en procesos grupales	15
	SSC_A_1405_05. Desarrollo de procesos de acompañamiento y asesoramiento a mujeres	20
	SSC_A_1405_06. Realización de actividades de evaluación de los proyectos comunitarios	20
1782. Prevención de riesgos laborales		30

Índice

OBJETIVOS GENERALES

Los objetivos generales del **SSC_A_1401_05. Evaluación de actuaciones de comunicación e información desde la perspectiva de género,** son:

- ⮞ Planificar las actividades y estrategias de evaluación en las actuaciones de comunicación e información.
- ⮞ Seleccionar técnicas e instrumentos para evaluar las actuaciones de comunicación e información desde una perspectiva de género.
- ⮞ Seleccionar indicadores para la evaluación de los procesos de comunicación e información desde la perspectiva de género.
- ⮞ Registrar los datos en los formatos establecidos para orientar las acciones de cambio hacia estilos comunicativos no discriminatorios.
- ⮞ Redactar informes y memorias, respetando los estándares de uso no sexista ni discriminatorio del lenguaje.
- ⮞ Seleccionar canales y vías para la transmisión de información en el contexto de intervención y en el propio equipo de intervención, garantizando la equidad entre mujeres y hombres desde una perspectiva de género.
- ⮞ Transmitir la información con claridad, de manera ordenada y estructurada.
- ⮞ Valorar la importancia de considerar la perspectiva de género como criterio de calidad en los procesos de comunicación e información.

Marco conceptual de la comunicación con perspectiva de género

Contenido

1. Introducción
2. Importancia de la perspectiva de género en la comunicación e información
3. Equidad y calidad en los procesos comunicativos
4. Resumen

Objetivos

Los objetivos específicos de esta Unidad de Aprendizaje son:

→ Comprender el concepto de equidad dentro de la comunicación y su papel en la corrección de las desigualdades históricas de representación.

→ Reconocer la calidad comunicativa como un criterio que integra los aspectos técnicos, y los valores de inclusión, diversidad y legitimidad social.

→ Identificar las estrategias prácticas que favorezcan la equidad en los mensajes, imágenes, portavocías y narrativas.

→ Analizar ejemplos y casos reales de comunicación con y sin perspectiva de género para reflexionar sobre sus impactos sociales.

→ Aplicar listas de verificación e indicadores que permitan evaluar la equidad y la calidad en los procesos comunicativos de las instituciones y organizaciones.

→ Evaluar la representación de género en los medios de comunicación deportivos mediante el análisis crítico de ejemplos reales, con el fin de identificar prácticas inclusivas y detectar sesgos o estereotipos de género.

→ Analizar críticamente una acción o campaña comunicativa desde la perspectiva de género, aplicando las normas de redacción inclusiva para garantizar una comunicación equitativa, respetuosa y representativa.

→ Desarrollar la capacidad de analizar, revisar y reformular mensajes institucionales aplicando criterios de comunicación inclusiva y equitativa.

1. Introducción

La comunicación y la información desempeñan un papel fundamental en la construcción de unas sociedades más justas y equitativas. No se trata únicamente de transmitir los mensajes, sino de decidir qué se comunica, cómo se comunica y con qué valores se hace. La manera en la que utilizamos el lenguaje y seleccionamos las imágenes, símbolos o ejemplos influye directamente en la percepción social de la igualdad entre las mujeres y los hombres.

Adoptar una perspectiva de género en los procesos comunicativos significa visibilizar a todas las personas, garantizar su representación justa y evitar los estereotipos que reproducen las desigualdades. Este enfoque se debe convertir en un criterio indispensable de calidad y ética profesional, porque no existe una verdadera comunicación de calidad si esta excluye, invisibiliza o discrimina.

Además, la evaluación de la comunicación con perspectiva de género permite detectar los fallos, sesgos o ausencias en los mensajes y proponer posibles mejoras concretas. Así, se convierte en un instrumento de mejora continua y en un pilar esencial de los procesos de información en las instituciones, organizaciones, medios de comunicación y proyectos sociales.

Estíbaliz y Alberto van a descubrir que la comunicación no consiste exclusivamente en transmitir mensajes, sino que también implica decidir qué se comunica, cómo y con qué valores. Mediante el análisis de las palabras, las imágenes y los símbolos, descubrirán que la manera de comunicar influye directamente en la percepción social de la igualdad. Estíbaliz se quiere centrar en visibilizar a todas las personas y Alberto quiere detectar los diferentes estereotipos sociales que alimentan las desigualdades. Juntos comprobarán que aplicar la perspectiva de género en la comunicación es un criterio esencial de calidad y ética, capaz de mejorar los mensajes y conseguir unas sociedades más justas y equitativas.

2. Importancia de la perspectiva de género en la comunicación e información

☞ HILO CONDUCTOR

Estíbaliz y Alberto descubrirán que comunicar no es solo informar, sino también decidir cómo hacerlo para que esta comunicación sea justa e inclusiva. Ambos quieren aprender a diferenciar entre sexo y género, a detectar los estereotipos y a usar un lenguaje y unas imágenes que representen a todas las personas. Gracias a la revisión de los mensajes y al uso de las listas de verificación serán capaces de proponer mejoras para que la información sea clara y equitativa. Al final, ambos entenderán que la verdadera calidad de la comunicación se logra cuando se integra la perspectiva de género en cada paso.

La comunicación es un proceso central en la vida social, ya que permite transmitir la información, construir significados y reforzar las normas culturales. A través de las palabras, las imágenes y los relatos se describen los hechos y se configuran las distintas realidades que influyen en la percepción colectiva sobre lo que es normal, deseable o legítimo. Por ello, analizar la comunicación desde una perspectiva de género resulta imprescindible para comprender cómo se producen y reproducen las desigualdades.

La perspectiva de género dentro de la comunicación se fundamenta en reconocer que los mensajes no son neutrales. Los medios de comunicación, la publicidad, las campañas institucionales o los materiales educativos transmiten visiones del mundo que, de forma consciente o inconsciente, pueden reforzar los estereotipos y los roles rígidos. Frente a esta situación, la aplicación de un marco conceptual sólido permite visibilizar las exclusiones, cuestionar las representaciones dominantes y promover otros modelos más equitativos.

Diferenciar los conceptos de **sexo y género,** comprender cómo funcionan los estereotipos, analizar la violencia simbólica y aplicar un enfoque interseccional son aspectos fundamentales para garantizar que la comunicación contribuye a la igualdad y se convierte en un instrumento de calidad social y educativa.

2.1. Fundamentos teóricos de la comunicación con perspectiva de género

La comunicación es una de las principales herramientas mediante las cuales se transmiten los conocimientos, los valores y los modelos de conducta. Lejos de ser un proceso neutro, cada mensaje refleja una forma particular de entender la realidad y contribuye a reforzar o transformar los imaginarios sociales. En este contexto, el género constituye un eje fundamental para analizar cómo se construyen los discursos y qué impacto tienen desde el punto de vista de la igualdad.

Durante mucho tiempo, la comunicación ha reforzado los roles estereotipados que situaban a las mujeres y a los hombres en posiciones desiguales, tanto en el ámbito privado como en el público. La publicidad, los medios de comunicación y los discursos institucionales ofrecieron imágenes repetitivas donde lo masculino era el modelo universal y lo femenino quedaba relegado a los espacios secundarios. Reconocer este sesgo histórico es esencial para comprender por qué es necesario que nos replanteemos la manera actual en la que comunicamos hoy.

Incorporar una perspectiva de género en la comunicación significa revisar el lenguaje, las imágenes, las narrativas y los símbolos empleados. Supone visibilizar la diversidad de las experiencias, cuestionar los estereotipos y promover los mensajes que reflejen unas relaciones justas. Este marco conceptual es básico para avanzar en el diseño de las estrategias comunicativas que garanticen la calidad, la equidad y la corresponsabilidad.

Mientras que el género es una construcción social, el sexo es un aspecto biológico. Imagen generada por IA

SABÍAS QUE...

Según la UNESCO, los proyectos comunicativos con enfoque de género obtienen un 30 % más de aceptación social y credibilidad que los que no lo incluyen.

Conceptos clave (sexo, género, estereotipos, androcentrismo, interseccionalidad, violencia simbólica)

El estudio de los conceptos relacionados con sexo y género tiene su origen en la necesidad de diferenciar lo biológico de lo cultural. A lo largo de la historia, esta distinción ha permitido comprender cómo ciertas ideas y roles atribuidos a las mujeres y a los hombres no responden únicamente a sus características naturales, sino también a diversas construcciones sociales.

Actualmente, estos conceptos resultan fundamentales para analizar la comunicación, la educación y las políticas de igualdad. Conocerlos y aplicarlos permite identificar las desigualdades, cuestionar los estereotipos y promover una visión más inclusiva y diversa de la sociedad.

Los conceptos clave que se deben conocer son:

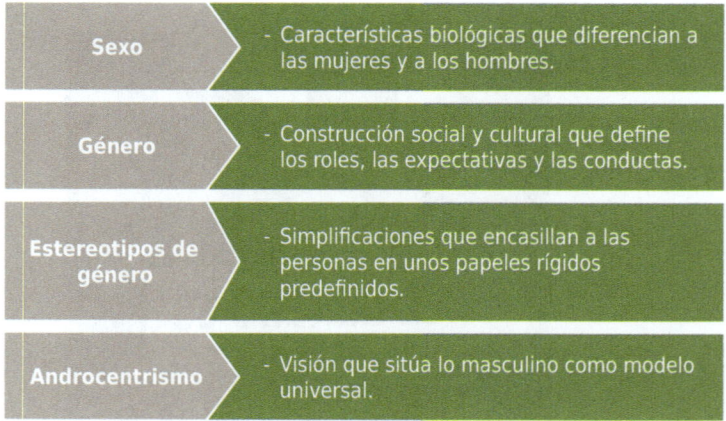

Sexo	- Características biológicas que diferencian a las mujeres y a los hombres.
Género	- Construcción social y cultural que define los roles, las expectativas y las conductas.
Estereotipos de género	- Simplificaciones que encasillan a las personas en unos papeles rígidos predefinidos.
Androcentrismo	- Visión que sitúa lo masculino como modelo universal.

Continúa en página siguiente >>

<< *Viene de página anterior*

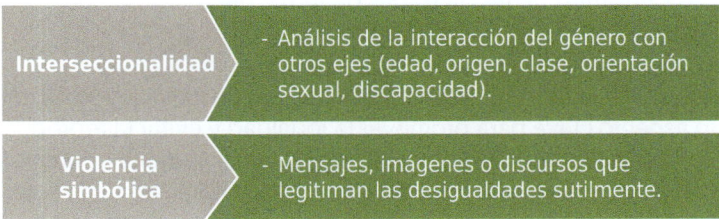

Interseccionalidad	- Análisis de la interacción del género con otros ejes (edad, origen, clase, orientación sexual, discapacidad).
Violencia simbólica	- Mensajes, imágenes o discursos que legitiman las desigualdades sutilmente.

Dimensiones del modelo comunicativo con enfoque de género

El modelo comunicativo con perspectiva de género surge a partir de la necesidad de revisar los procesos de transmisión de los mensajes desde un enfoque inclusivo y equitativo. Este planteamiento tiene sus raíces en los movimientos sociales que han impulsado la igualdad y en la evolución de la comunicación como herramienta de transformación social.

En la actualidad, aplicar este modelo es fundamental para garantizar que los distintos elementos dentro de la comunicación institucional, educativa o mediática reflejen la diversidad de la sociedad. De esta manera, se fomenta la representación justa, la accesibilidad de los contenidos y la coherencia con los principios de igualdad y no discriminación.

Las dimensiones que se deben tener en cuenta son las siguientes:

- **Emisor/a/es:** portavocías diversas y paritarias, formación en comunicación inclusiva.
- **Mensaje:** uso de lenguaje inclusivo, rechazo a las narrativas que refuerzan los roles tradicionales, incorporación de imágenes diversas.
- **Canal:** selección de medios accesibles, adaptación de formatos (subtítulos, lectura fácil, texto alternativo de las imágenes).
- **Receptor/a/es:** identificación de la diversidad de públicos, prevención de la invisibilización de los grupos con una menor representación social.
- **Contexto:** atención al marco normativo y cultural vigente, alineación de los mensajes con principios de igualdad y no discriminación.

Estrategias de lenguaje inclusivo

El uso del lenguaje inclusivo tiene su origen en los esfuerzos por visibilizar a todas las personas dentro de la comunicación, tanto escrita como oral.

El lenguaje inclusivo surgió como respuesta a la predominancia de las expresiones masculinas utilizadas de forma genérica, que dejaban fuera a las mujeres y a los colectivos diversos.

Hoy en día, aplicar las estrategias de lenguaje inclusivo se ha convertido en un aspecto clave para promover la igualdad y evitar la reproducción de los estereotipos en los mensajes. Estas prácticas permiten construir discursos más representativos y coherentes con los valores de una sociedad diversa y equitativa.

Entre las estrategias que se pueden utilizar encontramos las siguientes:

Desdoblamiento
- Uso de expresiones como "alumnas y alumnos".

Términos colectivos
- Empleo de palabras como "estudiantado", "personal técnico" o "plantilla".

Reformulación
- Sustitución de expresiones como "el que participe" por "quien participe".

Construcciones impersonales
- Utilización de formas como "se requiere personal de apoyo".

Prevención de estereotipos
- Evitar la asociación de ciertas características con un género específico.

 **EJEMPLO**

Incorrecto: "Buscamos ingeniero con capacidad de liderazgo".

Correcto: "Se busca personal de ingeniería con capacidad de liderazgo".

Representación visual y narrativa

La representación visual y narrativa con perspectiva de género surge de la necesidad de equilibrar la manera en la que las mujeres y los hombres aparecen en los medios y en la comunicación institucional. Históricamente, las imágenes y relatos han tendido a reproducir estereotipos y desigualdades, invisibilizando o limitando la presencia femenina en determinados ámbitos.

Actualmente, se debe garantizar una representación justa y diversa para transmitir mensajes coherentes con los valores de igualdad. Una comunicación que muestre pluralidad en los roles y evite los sesgos visuales o narrativos contribuye a generar referentes positivos y a transformar los imaginarios sociales.

Algunos de los aspectos que se deben tener en cuenta son:

- ➲ Paridad en fotografías y vídeos.
- ➲ Diversidad de roles de liderazgo, cuidado, ciencia y deporte.
- ➲ Prevención de la sexualización o infantilización de las mujeres.
- ➲ Inclusión de referentes femeninos en los ámbitos masculinizados.

 **RECUERDA**

La comunicación inclusiva no complica el mensaje: lo hace más claro, representativo y justo.

Lista de verificación para una comunicación inclusiva

El uso de **indicadores con perspectiva de género** tiene su origen en la necesidad de medir de forma objetiva el grado de inclusión y equidad en los mensajes que se emiten por parte de las organizaciones e instituciones. Estas herramientas permiten observar con datos concretos la representación de las mujeres y los hombres en los distintos elementos usados en la comunicación.

Estos indicadores son esenciales para evaluar la calidad y la coherencia de las prácticas comunicativas. Su aplicación facilita la detección de los avances, la identificación de las áreas de mejora y la orientación de las estrategias comunicativas hacia un enfoque más igualitario y responsable.

Entre los aspectos que habitualmente son objeto de evaluación se incluyen:

- ⮑ Accesibilidad del mensaje para los distintos públicos.
- ⮑ Percepción ciudadana respecto a los mensajes difundidos.
- ⮑ Disponibilidad de guías internas de comunicación no sexista.
- ⮑ Existencia de indicadores de impacto en materia de equidad comunicativa.
- ⮑ Diversidad
- ⮑ Diversidad en las imágenes y en los ejemplos empleados en los contenidos.
- ⮑ Nivel de uso del lenguaje inclusivo en los mensajes.
- ⮑ Porcentaje de expertas citadas en los medios de comunicación.
- ⮑ Equilibrio de representación de mujeres y hombres en textos, imágenes y portavocías.
- ⮑ Prevención de estereotipos en los roles y en las narrativas.
- ⮑ Uso de un lenguaje claro e inclusivo que garantice la comprensión y la equidad.

Estas comprobaciones para lograr una comunicación inclusiva surgen como una herramienta para verificar de forma rápida y sencilla el cumplimiento de los criterios de igualdad y diversidad. Su origen está en la necesidad de estandarizar los procesos y evitar las posibles omisiones en la revisión de los mensajes y materiales.

Aplicar este tipo de lista de verificación resulta esencial para asegurar que los contenidos sean coherentes con los principios de accesibilidad, inclusión y no discriminación. De esta forma, se garantiza una comunicación más representativa y con mayor impacto social.

IMPORTANTE

La perspectiva de género en comunicación es un criterio de calidad y ética.

2.2. La perspectiva de género como criterio de calidad comunicativa

La calidad comunicativa no se limita exclusivamente a los aspectos técnicos, como la corrección gramatical, el diseño gráfico o la claridad en la transmisión de la información. Una comunicación puede ser formalmente impecable y, aun así, estar sesgada si invisibiliza a las mujeres, refuerza los estereotipos o transmite los roles tradicionales. Por ello, la perspectiva de género se convierte en un factor imprescindible para evaluar la calidad de los procesos comunicativos.

Incorporar este enfoque significa reconocer que la comunicación de calidad es aquella que no solo informa, sino que también respeta, representa e incluye a todas las personas de manera equitativa. En otras palabras, un mensaje no puede considerarse de calidad si perpetúa las desigualdades o excluye a determinados colectivos sociales.

De este modo, la perspectiva de género se debe establecer como un criterio transversal en la comunicación institucional, empresarial y social. Al aplicarse, mejora la legitimidad de las organizaciones, fortalece la confianza del público destinatario y garantiza que la información difundida contribuya al desarrollo de una sociedad más justa y democrática.

Los estereotipos de género se deben tener en cuenta en el diseño de los juguetes de los menores.

Dimensiones de la calidad con enfoque de género

El concepto de **calidad comunicativa con perspectiva de género** surge a partir de la necesidad de garantizar que los mensajes transmitidos sean **inclusivos, diversos y representativos.** Este enfoque nace de los esfuerzos por superar las desigualdades históricas en la representación de las mujeres y los hombres en la comunicación pública y mediática.

Actualmente, estas dimensiones constituyen una herramienta clave para evaluar y mejorar las prácticas comunicativas. Su aplicación permite asegurar la coherencia institucional, la accesibilidad para los distintos públicos y un impacto social positivo en la promoción de la igualdad.

Entre las dimensiones que se deben analizar se encuentran:

Inclusión — Representación equitativa de mujeres y hombres en todos los mensajes.

Diversidad — Visibilización de las diferentes edades, culturas, capacidades y roles sociales.

Accesibilidad — Adaptación de los contenidos a los distintos públicos mediante un lenguaje claro, una lectura fácil, y el uso de subtítulos y texto alternativo de imágenes y vídeo.

Credibilidad — Coherencia entre el discurso y las políticas de la organización.

Impacto social — Capacidad de los mensajes para promover los valores de igualdad y respeto.

 **RECUERDA**

El concepto de calidad comunicativa con perspectiva de género surge a partir de la necesidad de garantizar que los mensajes transmitidos sean inclusivos, diversos y representativos para superar las desigualdades históricas en la representación de las mujeres y los hombres en la comunicación pública y mediática.

Ejemplos prácticos de mensajes con/sin perspectiva inclusiva

Desarrollar distintos ejemplos prácticos de mensajes con y sin perspectiva inclusiva se debe a la necesidad de mostrar de manera clara cómo unos pequeños cambios en el lenguaje y en la representación pueden transformar el impacto comunicativo. Su objetivo es evidenciar la diferencia entre reproducir los sesgos existentes o promover la igualdad.

Incorporar la perspectiva inclusiva en los mensajes es un recurso clave para llevar a cabo los trabajos de comunicación, ya que facilita la identificación de los errores habituales y la propuesta de alternativas inclusivas. Presentar comparaciones directas permite a los profesionales y organizaciones aplicar las mejoras de manera inmediata en sus prácticas comunicativas.

Algunos ejemplos son:

Anuncio	- **Sin perspectiva de género:** anuncio de un curso que invita a "los alumnos interesados en participar". - **Con perspectiva de género:** anuncio de un curso que invita "al estudiantado interesado en participar".
Folleto empresarial	- **Sin perspectiva de género:** folleto empresarial que solo muestra a hombres en puestos directivos. - **Con perspectiva de género:** folleto que representa a mujeres y hombres en cargos de liderazgo en igualdad de condiciones.
Campaña deportiva	- **Sin perspectiva de género:** campaña deportiva con eslóganes como "los jugadores muestran la verdadera fuerza". - **Con perspectiva de género:** campaña que afirma "quienes practican deporte desarrollan su fuerza y resiliencia", acompañada de imágenes diversas.
Comunicado institucional	- **Sin perspectiva de género:** comunicado institucional que reconoce únicamente a "los ingenieros" por un logro técnico. - **Con perspectiva de género:** comunicado que destaca a "las y los profesionales de ingeniería" como responsables del logro.
Cartel de salud	- **Sin perspectiva de género:** cartel de salud que muestra a una mujer como única responsable del cuidado infantil. - **Con perspectiva de género:** cartel que presenta a hombres y mujeres compartiendo las tareas de cuidado y protección infantil.
Invitación académica	- **Sin perspectiva de género:** invitación académica que cita únicamente a expertos varones como ponentes principales. - **Con perspectiva de género:** invitación que garantiza la presencia de expertas y expertos en la lista de ponencias.

SABÍAS QUE...

Desde 2020, la Comisión Europea exige que los proyectos financiados con fondos comunitarios integren planes de comunicación con perspectiva de género como requisito de calidad y transparencia.

PARA SABER MÁS

En el siguiente enlace podrás acceder a una guía práctica sobre los mecanismos necesarios para diseñar mensajes, contenidos e imágenes que reflejen el quehacer institucional con un enfoque de género que contribuya a hacer efectivo el logro de la igualdad de mujeres y hombres. Puedes consultarla desde aquí.

https://redirectoronline.com/1401050101

Errores comunes que reducen la calidad comunicativa

La identificación de los errores en la comunicación con perspectiva de género tiene su origen en la revisión crítica de las prácticas institucionales y mediáticas. Durante años, se han reproducido formas de expresión que, de manera consciente o no, han perpetuado las desigualdades y las exclusiones.

Reconocer y corregir estos errores resulta fundamental para garantizar la emisión de mensajes inclusivos, coherentes y representativos. Evitarlos contribuye a mejorar la calidad comunicativa y a consolidar una cultura organizacional más equitativa.

Algunos de los errores más habituales que se observan en comunicados y textos oficiales son:

Exclusividad
- Uso exclusivo del masculino genérico en los documentos y en los mensajes institucionales.

Representación
- Representaciones visuales limitadas a los estereotipos tradicionales que no reflejan la diversidad social.

Invisibilización
- Invisibilización de las expertas como portavoces, referentes o fuentes de información.

Incoherencia
- Incoherencia entre el discurso inclusivo y la práctica institucional, que debilita la credibilidad de los mensajes.

 **RECUERDA**

Un mensaje puede ser visualmente atractivo, pero pierde calidad si invisibiliza a las mujeres o refuerza estereotipos.

Lista de verificación de la calidad comunicativa inclusiva

La elaboración de las listas de verificación de los elementos comunicativos con perspectiva de género se consolida como una herramienta metodológica útil para evaluar los mensajes antes de proceder a su difusión. Esta práctica responde a la necesidad de sistematizar unos criterios que aseguren la inclusión, la diversidad y la coherencia en la comunicación.

Estas listas de verificación son fundamentales para asegurar que la comunicación institucional no reproduzca ni favorezca los sesgos ni las desigualdades. Permiten evaluar tanto el contenido como la forma de los mensajes, reforzando la credibilidad y el impacto social positivo.

Para ello, se debe:

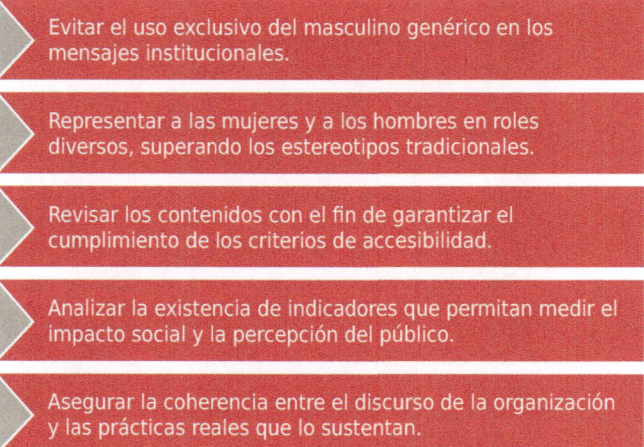

Evitar el uso exclusivo del masculino genérico en los mensajes institucionales.

Representar a las mujeres y a los hombres en roles diversos, superando los estereotipos tradicionales.

Revisar los contenidos con el fin de garantizar el cumplimiento de los criterios de accesibilidad.

Analizar la existencia de indicadores que permitan medir el impacto social y la percepción del público.

Asegurar la coherencia entre el discurso de la organización y las prácticas reales que lo sustentan.

Indicadores de evaluación

Los indicadores de evaluación dentro de la comunicación con perspectiva de género surgieron como herramienta para medir de forma objetiva los avances en igualdad y diversidad. Su origen está vinculado a la necesidad de contar con datos verificables que permitan analizar tanto los mensajes como las prácticas institucionales.

Estos indicadores son esenciales para identificar los logros, detectar las áreas de mejora y garantizar la coherencia de las políticas comunicativas. Su aplicación ofrece un marco de referencia claro para orientar las decisiones y fortalecer el impacto social de la comunicación.

Entre **los indicadores de evaluación** más habituales se encuentran:

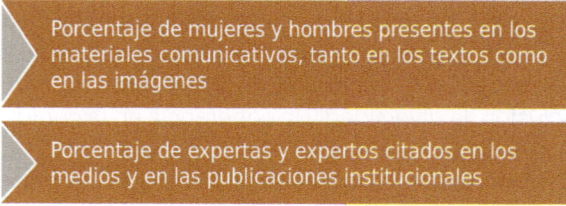

Porcentaje de mujeres y hombres presentes en los materiales comunicativos, tanto en los textos como en las imágenes

Porcentaje de expertas y expertos citados en los medios y en las publicaciones institucionales

Continúa en página siguiente >>

<< *Viene de página anterior*

> Nivel de satisfacción del público en relación con el uso de un lenguaje inclusivo en los mensajes

> Percepción ciudadana sobre la coherencia institucional en materia de igualdad de género

IMPORTANTE

La perspectiva de género es un estándar internacional en comunicación responsable.

2.3. Principios de equidad y corresponsabilidad en la comunicación

La comunicación no solo es transmisión de información, sino que también refleja las relaciones de poder y las dinámicas sociales. A lo largo de la historia, los mensajes difundidos en los medios, instituciones y espacios educativos han situado a los hombres y a las mujeres en roles diferenciados, reproduciendo las desigualdades. Frente a esta realidad, la equidad y la corresponsabilidad se convierten en principios fundamentales para convertir la comunicación en una herramienta de justicia social.

Equidad	Corresponsabilidad
- Implica reconocer que existen desigualdades históricas que han limitado la visibilidad y la participación de determinados colectivos, especialmente de las mujeres. No se trata de darles lo mismo a todas las personas, sino de proporcionarles lo necesario para garantizar la igualdad de oportunidades en la representación y en el acceso a la información.	- Implica garantizar una comunicación inclusiva y supone un compromiso compartido que debe involucrar a toda la estructura organizacional. Solo de esta manera los cambios se consolidarán con el paso del tiempo y generarán un impacto real en la cultura comunicativa de la institución u organización.

Los equipos mixtos de trabajo permiten incorporar distintos enfoques sobre los aspectos tratados en equipo.

 IMPORTANTE

No basta con evitar sesgos: es necesario generar activamente mensajes que promuevan la igualdad y la diversidad.

Equidad en los procesos comunicativos

El principio de equidad en la comunicación tiene su origen en los movimientos sociales y académicos que reclamaron una representación más justa entre las mujeres y los hombres en los mensajes públicos y mediáticos. Esta perspectiva trata de corregir los desequilibrios históricos producidos en la visibilidad de los géneros.

Aplicar este principio es esencial para garantizar que la comunicación refleje la pluralidad social y contribuya a la igualdad de oportunidades. Se trata de un marco que busca la creación de mensajes libres de sesgos y promueve el establecimiento de referentes diversos en todos los ámbitos.

Para conseguir la equidad en los procesos comunicativos, se puede trabajar sobre los siguientes aspectos:

- Promoción de la representación justa y proporcional de las mujeres y los hombres.
- Visibilización de las mujeres en los roles de liderazgo, ciencia, política y deporte.

⊃ Prevención de la reproducción de los estereotipos de género en las imágenes y discursos.
⊃ Reconocimiento de la diversidad dentro de los géneros en edad, origen, clase social, discapacidad y orientación sexual.

 **EJEMPLO**

Campaña de empleo que muestra únicamente a hombres en puestos técnicos → comunicación desigual.

Campaña de empleo que presenta a mujeres y a hombres en igualdad de condiciones → comunicación equitativa.

Corresponsabilidad institucional en los mensajes

El principio de corresponsabilidad dentro de la comunicación surge de la necesidad de compartir la tarea de generar mensajes inclusivos entre todas las áreas de una organización o institución. Su origen está vinculado al reconocimiento de que la igualdad no puede ser gestionada únicamente por un departamento específico.

Este principio resulta clave para asegurar que la perspectiva de género se incorpora como criterio transversal en todas las políticas comunicativas organizativas. De esta manera, se fomenta un compromiso colectivo que refuerza la coherencia organizacional y previene la reproducción de las desigualdades.

Para establecer esta corresponsabilidad institucional en los mensajes, se debe trabajar sobre los siguientes aspectos:

⊃ Implicación de todas las áreas institucionales en la promoción de los mensajes inclusivos.
⊃ Aseguramiento de la igualdad como criterio transversal más allá del área de comunicación.
⊃ Exigencia de formación continua en perspectiva de género para los equipos técnicos y directivos.
⊃ Fomento de la revisión periódica de los materiales para evitar los sesgos.

 **EJEMPLO**

Un organismo público desarrolla una campaña inclusiva, pero su personal administrativo sigue utilizando formularios con lenguaje sexista. La corresponsabilidad implica que toda la organización debe aplicar los mismos criterios de igualdad.

Estrategias para fomentar equidad y corresponsabilidad

Las estrategias para fomentar la equidad y la corresponsabilidad en la comunicación tienen su origen en la necesidad de contar con herramientas concretas que permitan trasladar los principios de igualdad a la práctica institucional. Surgen como respuesta a la demanda de uso de los procesos organizados y sostenibles que garanticen la coherencia de los mensajes.

Estas estrategias son fundamentales para asegurar que todas las áreas de una organización asuman un compromiso activo con la igualdad. Su aplicación favorece la creación de entornos comunicativos inclusivos, participativos y alineados con los valores democráticos, para lo cual se pueden seguir las siguientes estrategias:

- Creación de guías internas de comunicación inclusiva.
- Designación de las personas referentes en igualdad dentro de cada departamento de trabajo.
- Establecimiento de los comités de revisión de los materiales comunicativos.
- Realización de talleres de sensibilización periódicos para todo el personal.
- Implementación de los sistemas de evaluación participativa con aportes de la ciudadanía.

 SABÍAS QUE...

En países como Suecia, Noruega o Canadá, la comunicación institucional debe cumplir con criterios de equidad y corresponsabilidad, lo que ha incrementado la confianza ciudadana en las administraciones públicas.

Lista de verificación de equidad y corresponsabilidad organizacional

La lista de verificación de la equidad y la corresponsabilidad dentro de la comunicación constituye una herramienta práctica diseñada para garantizar el cumplimiento de los criterios inclusivos en el ámbito institucional. Su implementación responde a la necesidad de incorporar la perspectiva de género en todos los niveles de la comunicación organizacional.

Actualmente, este instrumento facilita la evaluación de la coherencia en los mensajes, asegura la distribución equitativa de los roles y promueve la participación de todas las áreas en el impulso de la igualdad. Así, se posiciona como un elemento fundamental para fortalecer unas prácticas comunicativas responsables y sostenibles dentro de las organizaciones.

Para ello, se deben analizar los siguientes aspectos:

- Garantía de representación equilibrada en las portavocías y mensajes institucionales.
- Revisión de imágenes y textos para evitar los estereotipos.
- Aplicación de los criterios inclusivos en la comunicación de todas las áreas organizacionales.
- Formación del personal en comunicación con perspectiva de género.
- Existencia de mecanismos de evaluación periódica del impacto comunicativo.

IMPORTANTE

La equidad no significa dar lo mismo a todos, sino ofrecer lo necesario para garantizar la igualdad de oportunidades.

ACTIVIDAD COMPLEMENTARIA

1. Visualiza el vídeo y responde a las siguientes preguntas:

Continúa en página siguiente >>

<< Viene de página anterior

https://redirectoronline.com/1401050101

- ¿Cuál es el mensaje principal que transmite la campaña del vídeo?
- ¿Qué imágenes, lenguaje o recursos emplea para promover la corresponsabilidad?
- ¿Consideras que el vídeo es inclusivo y coherente con los principios de equidad y corresponsabilidad? ¿Por qué?

Una vez realizada la actividad, elabora un cuadro comparativo en el que se recojan los elementos identificados (mensajes, recursos visuales, fortalezas, debilidades).

2.4. Técnicas e instrumentos para evaluar las actuaciones de comunicación e información desde una perspectiva de género. Indicadores

Evaluar la comunicación con perspectiva de género es un proceso clave para garantizar que los mensajes, además de transmitir la información clara y precisa, también sean inclusivos, equitativos y libres de sesgos. No basta con diseñar materiales siguiendo unas buenas prácticas: es necesario contar con instrumentos que permitan medir de forma objetiva y sistemática la calidad de los mensajes.

Las técnicas de evaluación deben contemplar aspectos cuantitativos, como el número de mujeres y hombres representados o citados en una noticia, y cualitativos, como la manera en la que se narran las historias o los roles en los que aparecen representados. De esta manera, la evaluación se convierte en un mecanismo de mejora continua.

Además, aplicar estas herramientas ayuda a las organizaciones a demostrar su coherencia entre su discurso y su práctica. Disponer de indicadores claros y de instrumentos de análisis facilita la rendición de cuentas, mejora la transparencia y refuerza la legitimidad social de las instituciones que comunican con perspectiva de género.

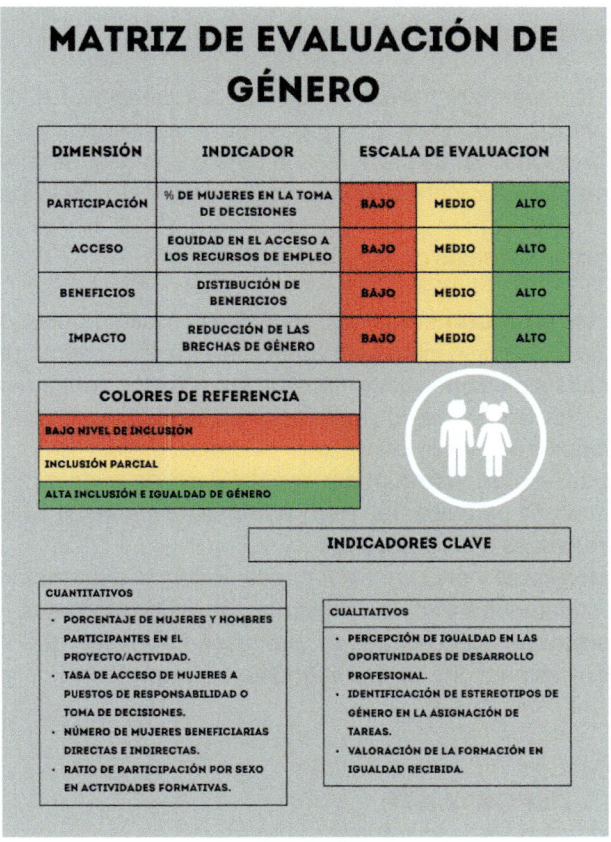

Las matrices de evaluación de género comparan las condiciones de ambos géneros. Imagen generada por IA.

 **RECUERDA**

La evaluación no busca sancionar, sino mejorar de manera continua los procesos de comunicación.

Técnicas de evaluación (revisión documental, análisis de contenido, observación, encuestas, auditorías)

Las técnicas de evaluación aplicadas a la comunicación con perspectiva de género tienen su origen en la necesidad de contar con herramientas objetivas que permitan analizar la calidad y la coherencia de los mensajes. Su desarrollo se vincula a la evolución de las metodologías de investigación social y de auditoría institucional.

Estas técnicas son fundamentales para identificar las buenas prácticas, detectar los posibles sesgos y garantizar la inclusión en la comunicación organizacional. Su uso sistemático ofrece una base sólida para diseñar las mejoras y asegurar el cumplimiento de los principios de igualdad.

Entre estas **técnicas de evaluación** destacan:

- **Revisión documental:** análisis de los manuales, guías y protocolos internos de comunicación para verificar la inclusión de los criterios de género.
- **Análisis de contenido:** estudio de los textos, imágenes y discursos en medios, campañas o publicaciones institucionales para identificar los sesgos o estereotipos.
- **Observación sistemática:** seguimiento de eventos o campañas para evaluar la participación equilibrada de las mujeres y los hombres como portavoces o protagonistas.
- **Entrevistas y encuestas:** recopilación de la percepción de los públicos destinatarios sobre su representación en los mensajes.
- **Auditorías comunicativas:** procesos integrales que combinan varias técnicas para ofrecer un diagnóstico completo de la organización.

 IMPORTANTE

Los instrumentos deben aplicarse antes, durante y después de la difusión de los mensajes.

Instrumentos prácticos (rúbricas, matrices, listas de verificación, cuestionarios)

Los instrumentos de evaluación de la comunicación con perspectiva de género sirven para medir la inclusión y la equidad de los mensajes. Nacieron a partir de metodologías pedagógicas y de gestión enfocadas en los criterios de calidad. Son esenciales para un análisis integral que combina los datos cuantitativos y cualitativos, identificando los avances y las áreas de mejora en la comunicación institucional y mediática.

Para evaluar la comunicación se pueden utilizar:

Rúbricas
- Tablas que asignan niveles de cumplimiento (alto, medio, bajo) a diferentes criterios de inclusión, como el uso del lenguaje inclusivo, la diversidad en las imágenes o la equidad en las portavocías.

Matriz de indicadores
- Documento que permite medir las variables cuantitativas (porcentaje de mujeres en fotografías) y cualitativas (valoración de estereotipos).

Listas de comprobación *(checklists)*
- Herramientas rápidas para asegurar que no se omite ningún criterio básico de igualdad en la revisión de los materiales.

Cuestionarios de percepción
- Instrumentos aplicados al público para medir si los mensajes transmiten inclusión y respeto.

Informes de impacto
- Análisis final que recoge los logros, las áreas de mejora y las recomendaciones.

 **EJEMPLO**

Una institución educativa realiza una campaña de difusión de becas:

a. Se aplica una lista de verificación para revisar el lenguaje (uso de términos inclusivos).
b. Se usa una rúbrica para evaluar la diversidad en las imágenes (mujeres y hombres en distintos roles).

Continúa en página siguiente >>

<< Viene de página anterior

c. Se pasan encuestas a los estudiantes para medir si perciben la campaña como representativa.

d. Con los resultados, se elabora un informe de impacto con recomendaciones para futuras campañas.

Lista de verificación de evaluación

La lista de verificación de la evaluación es una herramienta diseñada para revisar de manera inmediata la calidad inclusiva de los mensajes y los materiales comunicativos. Su origen responde a la necesidad de contar con instrumentos simples para identificar los posibles sesgos antes de su difusión. Actualmente, este recurso se emplea como filtro inicial para asegurar la coherencia institucional y la representación de la diversidad en los contenidos.

Su aplicación contribuye a evitar errores y a mantener un impacto adecuado en los públicos destinatarios.

Para ello, se debe revisar:

- Inclusión de un lenguaje libre de sesgos.
- Representación de diversidad de género, edad y origen en imágenes.
- Visibilización de mujeres y hombres en roles de liderazgo y cuidados.
- Diversidad y equilibrio en las fuentes y portavocías.
- Existencia de indicadores para medir la percepción de los públicos.

 SABÍAS QUE...

Algunas universidades europeas aplican auditorías de comunicación inclusiva cada dos años para garantizar que sus mensajes institucionales cumplen con los estándares de igualdad establecidos por la Unión Europea.

2.5. Redacción de informes y memorias con perspectiva de género

La redacción de informes y memorias no es únicamente un ejercicio administrativo o técnico, sino que debe verse como una oportunidad para reflejar de manera transparente cómo se desarrollan las acciones de comunicación y cuál ha sido su impacto social. En este sentido, integrar la perspectiva de género en la elaboración de estos documentos permite garantizar que se visibilicen las aportaciones de todas las personas y que se reconozcan las desigualdades existentes.

Los informes y las memorias generados con perspectiva de género, además de presentar los datos, también analizan cómo esos datos se relacionan con otras cuestiones, como la equidad, la inclusión y la representación. Este enfoque permite identificar los avances, señalar las áreas de mejora y evaluar las acciones de forma completa y responsable.

Además, la incorporación de este criterio en los informes otorga una mayor legitimidad a las instituciones y organizaciones, ya que asegura su compromiso real con la igualdad. De esta forma, los documentos dejan de ser registros de actividades para convertirse en herramientas estratégicas de evaluación y mejora continua.

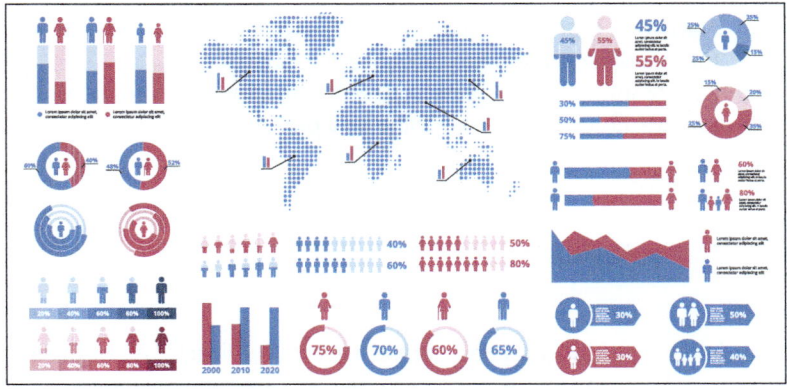

Las infografías deben recopilar todas las dimensiones separadas por género.

IMPORTANTE

Los informes y memorias con perspectiva de género refuerzan la transparencia y la rendición de cuentas.

Principios de redacción inclusiva

Los principios básicos de redacción usando la perspectiva de género surgieron como respuesta a la necesidad de visibilizar a todas las personas en los textos oficiales, académicos y mediáticos. Su origen se debe a los movimientos feministas y a las recomendaciones internacionales que promueven un uso más justo e inclusivo del lenguaje.

Actualmente, aplicar estos principios resulta esencial para garantizar una comunicación escrita coherente con los valores de igualdad. Además de mejorar la calidad de los documentos, contribuye a transformar la cultura institucional mediante la incorporación de unas prácticas más representativas y libres de estereotipos.

Para ello, se deben revisar los siguientes principios:

- **Lenguaje inclusivo:** uso de expresiones que eviten el masculino genérico y visibilicen a todas las personas.
- **Datos desagregados:** presentación de estadísticas diferenciadas por sexo y, cuando sea posible, por otros ejes de diversidad, como edad, origen o discapacidad.
- **Representación equilibrada:** inclusión de mujeres y hombres en los ejemplos, testimonios y casos destacados.
- **Narrativa inclusiva:** reconocimiento de los logros y aportaciones de todas las personas sin reproducir estereotipos.
- **Coherencia institucional:** garantía de que lo expresado en los documentos coincide con las políticas y prácticas de la organización.

 **RECUERDA**

Un informe no inclusivo puede perpetuar la invisibilización de las mujeres, incluso cuando los datos reales muestran una participación equilibrada.

Estructura recomendada de un informe inclusivo

La propuesta de una estructura inclusiva en los informes tiene su origen en la necesidad de estandarizar los documentos para que estos reflejen de manera coherente los principios de igualdad de género. Con ello, se busca garantizar que cada apartado incorpore explícitamente los criterios de diversidad, accesibilidad y representación equilibrada.

Aplicar esta estructura resulta clave para asegurar informes más transparentes y responsables. Además de mejorar la calidad comunicativa, favorece la credibilidad institucional y permite orientar acciones hacia la equidad mediante recomendaciones fundamentadas.

Los **informes inclusivos** deben incorporar los siguientes elementos:

Portada	- Uso de lenguaje e imágenes inclusivos.
Resumen ejecutivo	- Presentación breve en un lenguaje claro y sin sesgos.
Introducción	- Explicación acerca de cómo se incorpora la perspectiva de género.
Metodología	- Detalle sobre la aplicación de los indicadores de igualdad.
Resultados	- Exposición de los datos desagregados y análisis crítico.
Conclusiones	- Identificación de los avances y de áreas de mejora en equidad.
Recomendaciones	- Propuesta de medidas concretas de mejora.
Anexos	- Inclusión de guías, listas de verificación o herramientas aplicadas.

👁 EJEMPLO

Un ayuntamiento elabora una memoria anual de actividades culturales:

- En la **versión tradicional,** solo aparecen estadísticas globales de asistencia.
- En la **versión con perspectiva de género,** los datos se desagregan por sexo, se analizan las diferencias en la participación de las mujeres y hombres, y se incluyen recomendaciones para equilibrar la programación cultural en el futuro.

Listas de verificación de los informes inclusivos

Las listas de verificación para los informes inclusivos surgen para asegurar que los documentos institucionales cumplen con unos criterios claros de equidad de género. Son una herramienta clave para que los informes sean objetivos y promuevan la igualdad, lo que refuerza la credibilidad de la organización ante su público.

Entre los aspectos que se comprueban, se encuentran:

- ➲ Uso de lenguaje inclusivo en todo el documento.
- ➲ Desagregación de los datos por sexo y otras variables relevantes.
- ➲ Visibilización de las contribuciones de mujeres y hombres en igualdad.
- ➲ Prevención de la reproducción de estereotipos en el análisis.
- ➲ Inclusión de recomendaciones de mejora vinculadas a la igualdad de género.

SABÍAS QUE...

Algunas agencias de cooperación internacional solo financian proyectos cuyos informes y memorias incorporan indicadores de género y análisis inclusivos.

2.6. La transmisión de la información desde una perspectiva de género

Transmitir información no es un acto neutro ni automático: supone seleccionar qué se comunica, cómo se comunica y a través de qué canales. En cada una de estas decisiones intervienen distintos criterios que pueden reforzar las desigualdades o, por el contrario, contribuir a superarlas. Por eso, la perspectiva de género resulta esencial para garantizar que la transmisión de la información sea justa, inclusiva y representativa de toda la sociedad.

Históricamente, gran parte de la información difundida por los medios, instituciones y organizaciones ha privilegiado a las voces masculinas y ha relegado a las mujeres a roles secundarios o vinculados exclusivamente al ámbito privado. Este sesgo ha creado imaginarios colectivos que refuerzan la desigualdad. Superar esta tendencia requiere revisar de manera crítica los procesos de transmisión informativa.

Adoptar un **enfoque de género** en la transmisión de la información implica no solo usar un lenguaje inclusivo, sino también revisar los contenidos, las imágenes, las fuentes y los canales de comunicación. Supone garantizar que la información llegue a todas las personas de forma accesible y equitativa, teniendo en cuenta la diversidad de experiencias y necesidades.

La igualdad se debe cumplir en todos los aspectos comunicativos que lleven a cabo los organismos públicos y las empresas comprometidas con este principio.

SABÍAS QUE...

Según la ONU, aumentar la presencia de mujeres como portavoces en medios incrementa la credibilidad percibida de la información en más del 20 %.

Principios básicos de transmisión inclusiva

Los principios de la comunicación inclusiva encuentran su origen en la necesidad de garantizar que los mensajes sean transmitidos de manera equitativa, evitando exclusiones y sesgos implícitos o explícitos. Esta perspectiva se sustenta en la evolución histórica de las políticas de igualdad y en el reconocimiento del papel de la comunicación como herramienta esencial en los procesos de construcción de la ciudadanía y cohesión social.

En el contexto contemporáneo, la aplicación de dichos principios se constituye como un elemento indispensable para promover una prácticas comunicativas accesibles, representativas y respetuosas con la diversidad. Su incorporación, además de fortalecer la legitimidad y la credibilidad institucional, también contribuye de manera significativa al desarrollo de unas sociedades más justas, democráticas y equitativas.

Entre estos principios básicos de la comunicación inclusiva se encuentran:

- **Equilibrio en las fuentes:** aseguramiento de la cita de expertas y expertos en igualdad de condiciones.
- **Lenguaje inclusivo:** empleo de expresiones que visibilicen a todas las personas.
- **Diversidad en las imágenes:** representación de los distintos géneros, edades, orígenes y capacidades.
- **Accesibilidad:** garantía de subtítulos, lectura fácil, traducciones o lengua de signos cuando sea necesario.
- **Enfoque interseccional:** consideración de cómo se cruzan género, clase social, origen o discapacidad en la transmisión de información.

👁 **EJEMPLO**

- Caso negativo: un programa de televisión entrevista solo a hombres en calidad de expertos.
- Caso inclusivo: el mismo programa de televisión incorpora testimonios de científicas y visibiliza referentes femeninos en distintas áreas del conocimiento.
- Caso negativo: una institución difunde sus logros en redes sociales mostrando solo al equipo directivo masculino.
- Caso inclusivo: se publican imágenes de hombres y mujeres en roles de liderazgo, evidenciando corresponsabilidad.

Estrategias para garantizar la inclusión en la transmisión

Las estrategias de transmisión con perspectiva de género se fundamentan en la necesidad de garantizar que los mensajes institucionales sean objeto de procesos sistemáticos de revisión, planificación y difusión bajo unos criterios claros de inclusión y equidad. Dichas estrategias tienen su origen en la evolución de las políticas comunicativas orientadas a prevenir los sesgos, promover la igualdad y asegurar una representación equilibrada en los distintos espacios de comunicación pública.

En el escenario actual, su implementación constituye un componente esencial para fortalecer la legitimidad y la credibilidad institucional, así como para consolidar la confianza de la ciudadanía. La incorporación de estas prácticas favorece la coherencia con los valores democráticos de igualdad y diversidad, al tiempo que impulsa la producción de los mensajes más accesibles y representativos de la pluralidad social.

Entre las **principales acciones** que integran este enfoque destacan:

- Revisión crítica de los discursos previos a su difusión, con el fin de identificar y corregir los posibles sesgos de género.
- Establecimiento de los criterios de participación equilibrada en las portavocías y comparecencias institucionales.
- Incorporación de los testimonios y experiencias diversas en informes, publicaciones y otros productos comunicativos.
- Adecuación de los canales y formatos a las características del público destinatario, garantizando la accesibilidad y evitando las exclusiones tecnológicas.

⮕ Evaluación periódica de la percepción ciudadana respecto a la comunicación institucional, a fin de detectar las áreas de mejora y reforzar la perspectiva inclusiva.

IMPORTANTE

No basta con hablar de igualdad: esta debe reflejarse en cada aspecto de la información transmitida, desde las fuentes hasta los formatos.

Listas de verificación para la transmisión inclusiva de la información

La **lista de verificación** para la transmisión inclusiva de la información se configura como una herramienta metodológica de carácter práctico, orientada a la revisión sistemática de los mensajes antes de su difusión pública. Su origen se debe a la necesidad de prevenir los sesgos comunicativos y de garantizar que los contenidos emitidos reflejen los principios de igualdad, equidad y respeto a la diversidad.

Este recurso resulta fundamental para asegurar la calidad comunicativa de las instituciones y los medios de información. Su aplicación contribuye a reforzar la coherencia entre el discurso y la práctica, favorece la visibilización de la pluralidad social y amplifica el impacto positivo de la comunicación institucional en la ciudadanía.

Entre los principales **criterios de verificación** se incluyen:

⮕ Redacción de los mensajes con lenguaje inclusivo, evitando las expresiones sexistas o excluyentes.
⮕ Participación equitativa de las voces femeninas y masculinas en las distintas fases de la comunicación.
⮕ Representación de la diversidad social y de la corresponsabilidad de género en las imágenes, ejemplos y narrativas.
⮕ Garantía de accesibilidad en los formatos y canales empleados, con el fin de incluir la totalidad de la población destinataria.
⮕ Contraste entre los discursos y la práctica institucional, asegurando la coherencia y la credibilidad de la comunicación difundida.

IMPORTANTE

La accesibilidad es parte esencial de la igualdad en la comunicación.

2.7. La perspectiva de género como criterio en la gestión de la calidad

La **gestión de la calidad** dentro de la comunicación no se limita a garantizar la claridad, la coherencia y la efectividad en los mensajes. Cada vez más, se entiende que la verdadera calidad debe incluir un enfoque social y ético que asegure la inclusión, la diversidad y la equidad. En este marco, la perspectiva de género se convierte en un criterio fundamental para evaluar la calidad de los procesos comunicativos.

Integrar este enfoque implica reconocer que los mensajes no son neutrales y que, si no se evalúan desde una perspectiva de género, pueden perpetuar las desigualdades. La gestión de la calidad con perspectiva de género busca identificar estos riesgos y transformarlos en oportunidades de mejora, garantizando que la comunicación, además de cumplir con los estándares técnicos establecidos, también cumpla con los principios de igualdad y justicia social.

Este criterio ha sido adoptado progresivamente por los distintos organismos internacionales, administraciones públicas y empresas privadas. Aplicarlo de manera sistemática asegura que las políticas de comunicación estén alineadas con los valores democráticos y con los objetivos de desarrollo sostenible (ODS), especialmente el ODS 5: igualdad de género.

El ciclo de gestión de la calidad con perspectiva de género está compuesto de las siguientes fases:

Planificar
- Diagnósticos con datos desagregados por sexo y género.
- Identificación de brechas de acceso, participación y oportunidades.

Continúa en página siguiente >>

[41]

<< Viene de página anterior

Hacer

- Lenguaje inclusivo en políticas, programas o
actividades.
- Igualdad en el acceso a recursos, formación y
oportunidades.

Verificar

- Medición de resultados con indicadores de género.
- Revisión de brechas salariales, acceso a cargos,
percepciones.
- Evaluación del impacto.

Actuar

- Corrección de desigualdades detectadas.
- Ajuste de planes y procesos para mayor equidad.

 **RECUERDA**

No hay verdadera calidad comunicativa si los mensajes reproducen desigualdades o invisibilizan a parte de la población.

Dimensiones de la gestión de calidad con perspectiva de género

Las dimensiones de la gestión de la calidad con perspectiva de género surgen de la necesidad de adaptar los modelos tradicionales de calidad a los
criterios de equidad e inclusión. Incorporar esta visión implica comprender
que la comunicación no se limita a la transmisión de información, sino que
constituye un reflejo de los valores sociales y culturales sobre los que se sustentan las instituciones y la forma en que se relacionan con la ciudadanía.

En el contexto actual, estas dimensiones orientan la comunicación institucional hacia nuevas prácticas más inclusivas, diversas y coherentes con los
principios de igualdad. Su aplicación sistemática permite consolidar un ciclo de mejora continua que fortalece la credibilidad organizacional y amplifica el impacto social de las políticas comunicativas.

Las **principales dimensiones** que integran este enfoque son:

- **Planificación:** incorporación de los criterios de igualdad en las políticas, programas y estrategias de comunicación institucional.
- **Implementación:** aplicación de un lenguaje inclusivo, utilización de imágenes representativas de la diversidad y construcción de narrativas equitativas.
- **Verificación:** evaluación del impacto comunicativo mediante los indicadores de género y análisis de la percepción ciudadana.
- **Mejora continua:** revisión periódica de los procesos y ajuste de las prácticas cuando se detecten sesgos o desigualdades.

 **EJEMPLO**

- Institución pública: integra una auditoría de género en su plan anual de comunicación para verificar si las campañas reflejan equidad.
- Empresa privada: certifica sus procesos de comunicación como inclusivos, lo que mejora su reputación y la confianza entre sus clientes.
- Organización social: utiliza indicadores de género en la evaluación de proyectos financiados, asegurando transparencia y coherencia con sus principios.

Herramientas de gestión de la calidad inclusiva

Las herramientas de gestión de la calidad con enfoque de género se conciben como los mecanismos diseñados para trasladar los principios de igualdad a los sistemas organizativos y comunicativos. Su desarrollo responde a la necesidad de establecer los marcos técnicos y normativos que aseguren la incorporación efectiva de la equidad en la planificación y en la evaluación de los procesos.

En la actualidad, la utilización de estas herramientas representa un elemento estratégico para las instituciones, ya que facilita la adopción de unas prácticas inclusivas y transparentes. Además, permite disponer de los indicadores objetivos para medir los avances, detectar las áreas de mejora y garantizar que la comunicación refleje coherentemente los valores de diversidad e igualdad.

Entre las principales herramientas destacan:

- **Normas ISO:** certificaciones internacionales que integran la igualdad como principio transversal en los sistemas de gestión de calidad.
- **Cuadros de mando:** incorporación de los indicadores sensibles al género en los objetivos estratégicos y en la evaluación del desempeño.
- **Auditorías de igualdad:** revisiones periódicas orientadas a detectar los sesgos en los mensajes, campañas y prácticas comunicativas.
- **Comités de igualdad:** órganos responsables de supervisar la coherencia de la comunicación organizacional desde una perspectiva inclusiva.
- **Guías internas:** documentos oficiales que establecen las directrices para el uso normalizado del lenguaje y de los recursos visuales inclusivos.

SABÍAS QUE...

Algunas certificaciones internacionales de calidad (como la ISO 26000 sobre responsabilidad social) incluyen explícitamente la igualdad de género como criterio evaluable.

Lista de verificación de calidad organizacional

La lista de verificación de calidad organizacional con perspectiva de género se plantea como un instrumento práctico destinado a garantizar que la igualdad se incorpora de manera sistemática en la gestión comunicativa institucional. Este recurso se enmarca en la evolución de los modelos de calidad, que han ido ampliando sus criterios para integrar la equidad como eje transversal en los procesos de planificación y ejecución.

Actualmente, constituye una herramienta clave para valorar la coherencia de las políticas internas, la capacitación del personal y la eficacia de los mecanismos de mejora continua. Su utilización favorece la implementación de nuevas prácticas comunicativas inclusivas y responsables, lo que contribuye a consolidar una cultura organizacional sostenible y orientada a la igualdad.

Entre sus principales criterios de aplicación destacan:

- Inclusión de los criterios de igualdad en los planes de comunicación.

⊃ Incorporación de los indicadores de género en la evaluación de las campañas.
⊃ Realización de las auditorías internas o externas de comunicación inclusiva.
⊃ Formación continua del personal en perspectiva de género.
⊃ Aplicación de los mecanismos de mejora continua derivados de los procesos de evaluación.

IMPORTANTE

La calidad de la comunicación no puede medirse sin considerar la equidad de género.

TAREA 1

Se han detectado dos situaciones contrastadas en la comunicación deportiva.

Ejemplo positivo: en los Juegos Olímpicos de Tokio 2021, RTVE ofreció una cobertura equitativa a deportistas mujeres y hombres, resaltando logros de atletas como Mireia Belmonte o Ana Peleteiro, sin recurrir a estereotipos físicos ni familiares.

Ejemplo negativo: en algunos informativos deportivos de cadenas privadas, la presencia femenina sigue siendo reducida y, cuando aparece, se enfoca en aspectos estéticos, de vestimenta o vida personal más que en su desempeño profesional.

Como analista de comunicación desde la perspectiva de género:

- Identifica los elementos del ejemplo positivo que favorecen una comunicación inclusiva y equitativa.
- Detecta los aspectos del ejemplo negativo que reproducen invisibilización o estereotipos.
- Propón al menos cinco medidas prácticas que los medios podrían aplicar para mejorar la representación de las mujeres en la comunicación deportiva.

TAREA 2

Imagina que trabajas en el departamento de comunicación de una entidad pública local que va a lanzar una campaña informativa sobre la participación ciudadana en proyectos comunitarios. El objetivo es fomentar la implicación de toda la población, especialmente de mujeres y jóvenes, en la toma de decisiones locales.

Redacta un breve informe de análisis comunicativo (1-2 páginas) sobre esta campaña, aplicando las normas de redacción inclusiva y la perspectiva de género.

- Introduce brevemente el tema de la campaña, explicando su finalidad y el contexto social en el que se desarrolla.
- Describe el tipo de mensaje que se transmitirá (informativo, motivacional, institucional, etc.) y analizar cómo se aborda la comunicación desde la perspectiva de género, prestando atención al lenguaje, las imágenes y los roles representados.
- Concluye con dos recomendaciones concretas que contribuyan a mejorar la equidad comunicativa y la representación igualitaria en futuras acciones de difusión.

TAREA 3

El ayuntamiento de tu localidad ha publicado el siguiente comunicado sobre la organización de un evento deportivo local:

"El Ayuntamiento invita a todos los ciudadanos interesados en el deporte a participar en la carrera anual. El ganador recibirá un trofeo y reconocimiento público por su esfuerzo y disciplina. Los niños también podrán participar en una categoría especial".

Reescribe el comunicado corrigiendo el lenguaje, la estructura y el enfoque para hacerlo inclusivo, ordenado y accesible a toda la ciudadanía.

Justifica brevemente los cambios realizados, indicando cómo cada ajuste contribuye a mejorar la equidad comunicativa.

ACTIVIDAD 1

Formas parte del equipo que evalúa una campaña de sensibilización sobre corresponsabilidad familiar. El objetivo es comprobar si los mensajes transmiten igualdad entre mujeres y hombres. Para ello, analizas las imágenes, el lenguaje utilizado y la presencia equilibrada de referentes masculinos y femeninos.

Según los instrumentos de evaluación más adecuados, ¿cuál sería la herramienta más útil para esta tarea?

 ## ACTIVIDAD 2

Observa los siguientes casos de comunicación institucional:

Caso A: una institución lanza una campaña sobre liderazgo en la que solo aparecen hombres en roles de dirección y decisión, mientras que las mujeres figuran en segundo plano o en tareas administrativas.

Caso B: una organización desarrolla una campaña sobre liderazgo compartido mostrando a mujeres y hombres en igualdad de condiciones, utilizando lenguaje inclusivo y visibilizando la diversidad cultural y generacional.

Según los principios de calidad comunicativa con perspectiva de género, ¿cuál de los casos representa un modelo de comunicación de calidad?

 ## ACTIVIDAD 3

Trabajas en el departamento de comunicación de un centro social municipal y te han encargado que difundas una campaña sobre igualdad de oportunidades en el empleo. Para ello, seleccionas las redes sociales, generas la cartelería accesible y abres las reuniones informativas a toda la ciudadanía. Además, revisas los textos y las imágenes para evitar estereotipos y promover la participación de mujeres y hombres por igual.

Según los principios de comunicación inclusiva, ¿qué caracteriza tu actuación?

----

3. Equidad y calidad en los procesos comunicativos

☞ HILO CONDUCTOR

Estíbaliz y Alberto han comprendido que no hay comunicación de calidad si esta no es equitativa. Mientras Estíbaliz se centra en visibilizar a las mujeres y a los hombres en condiciones de igualdad, Alberto se ha enfocado en detectar los mensajes que, aunque técnicamente correctos, reproducen los estereotipos o excluyen a ciertos colectivos. Ambos han descubierto que equidad y calidad son principios inseparables: la primera asegura una representación justa y la segunda valida la eficacia y la legitimidad de los mensajes. Juntos han confirmado que solo integrando ambos criterios la comunicación puede fortalecer la confianza social y contribuir a una sociedad más democrática, justa e inclusiva.

- -

La comunicación, además de encargarse de transmitir los mensajes, también refleja los valores y las prioridades de las sociedades. En este sentido, hablar de **equidad y calidad en los procesos comunicativos** implica reconocer que la comunicación de calidad debe ser, ante todo, justa, inclusiva y representativa de la diversidad social. Si un mensaje reproduce estereotipos o invisibiliza a determinados colectivos, su calidad queda comprometida, por muy correctos que sean sus aspectos técnicos.

La **equidad** debe convertirse en un principio rector, ya que debe compensar las desigualdades históricas y garantizar que tanto las mujeres como los hombres, y otros grupos sociales, estén representados en condiciones de igualdad en los procesos comunicativos. La **calidad** redefine los procesos comunicativos al incluir en estos los criterios éticos y sociales: no basta con asegurar la claridad o el diseño, sino que también debe considerarse si el mensaje promueve la igualdad, si es accesible y si refuerza la confianza de los ciudadanos en las instituciones.

Equidad y calidad constituyen los pilares inseparables de una comunicación con perspectiva de género. Mientras que la equidad trata de asegurar una representación justa y equilibrada del mensaje, la calidad se encarga de validar su eficacia y su legitimidad. Exclusivamente si se aplican ambos principios de manera coherente, la comunicación contribuirá a la construcción de una sociedad más democrática, participativa e inclusiva.

SABÍAS QUE...

Según ONU Mujeres, solo el 24 % de las personas citadas como expertas en los medios a nivel mundial son mujeres, pese a su amplia presencia en todos los ámbitos profesionales.

3.1. Equidad en los procesos comunicativos

La equidad en los procesos comunicativos no se limita a otorgar el mismo trato a todas las personas, sino que debe garantizar que las mujeres y los hombres tengan las mismas oportunidades de representación, visibilidad y acceso a la información. Supone reconocer que existen desigualdades históricas y estructurales que deben corregirse para lograr una comunicación justa.

Este principio obliga a revisar el contenido de los mensajes y la manera en la que se difunden. La **equidad** implica visibilizar a las mujeres en los roles de liderazgo, asegurar la paridad en las portavocías institucionales y mostrar la diversidad en las imágenes y en las narrativas. Así, se corrige la tendencia histórica que centra lo masculino como norma universal.

Adoptar la equidad como criterio en los procesos comunicativos contribuye a la igualdad y a la legitimidad y credibilidad de las organizaciones. La ciudadanía considera que los mensajes que reflejan la diversidad de su sociedad y que evitan perpetuar desigualdades son más relevantes.

Comparativa de campañas

Campaña con sesgo de género

Campaña con representación paritaria

Actualmente, todas las campañas deben ser paritarias si no se quiere tener un problema de reputación. Imagen generada por IA

 **RECUERDA**

La equidad se construye revisando mensajes de forma sistemática, no solo de manera puntual.

Acciones para garantizar la equidad

Las acciones orientadas a garantizar la equidad en la comunicación surgen como respuesta a la necesidad de trasladar los principios de igualdad a los procesos habituales de creación y difusión de los mensajes. Su formulación debe tener en cuenta que la comunicación es un mecanismo que contribuye de forma activa a la creación y a la consolidación de los referentes sociales y culturales.

Este conjunto de acciones constituyen un eje esencial para evitar la reproducción de los sesgos, asegurar la visibilización de la diversidad y fortalecer la confianza de la ciudadanía en las instituciones. Su implementación favorece una comunicación más justa, accesible y coherente con los valores democráticos que sustentan la vida pública.

Entre las **medidas más relevantes** se incluyen:

- Revisión del lenguaje con el fin de eliminar los sesgos y los estereotipos.
- Incorporación equilibrada de las mujeres y los hombres en los roles tanto de liderazgo como de cuidado.
- Promoción de las portavocías diversas y representativas de los distintos grupos sociales.
- Inclusión de la diversidad en las imágenes utilizadas, reflejando edad, origen y capacidades de manera equitativa.
- Garantía de accesibilidad a la información, mediante los formatos adecuados para todas las personas.

 **EJEMPLO**

- Sin equidad: una nota de prensa sobre avances científicos solo cita a hombres como expertos.

Continúa en página siguiente >>

<< Viene de página anterior

- Con equidad: la misma nota incluye voces de investigadoras y presenta imágenes de equipos mixtos.

Lista de verificación de equidad comunicativa

La **lista de verificación de la equidad comunicativa** nace como una respuesta práctica a los retos a los que se enfrentan las instituciones en el momento de diseñar y difundir sus mensajes. No se trata únicamente de evaluar la forma en la que se transmite la información, sino de garantizar que cada mensaje refleje un compromiso real con la igualdad y la diversidad.

En este sentido, la herramienta sirve como **mecanismo de control y aprendizaje continuo,** que permite detectar los posibles sesgos, reforzar la coherencia entre el discurso y la acción, y orientar la comunicación hacia prácticas inclusivas y representativas. Su implementación aporta solidez a la credibilidad institucional y favorece una interacción más justa con la ciudadanía.

Entre sus **principales criterios** de aplicación destacan:

- Visibilización de las mujeres y los hombres en condiciones de igualdad dentro de los mensajes institucionales.
- Incorporación de la diversidad de género y origen en las portavocías y comparecencias oficiales.
- Revisión crítica de las imágenes empleadas para prevenir y eliminar los estereotipos.
- Aplicación de los indicadores específicos para evaluar el nivel de equidad en la comunicación organizacional.

IMPORTANTE

La equidad no significa igualdad matemática, sino justicia en la representación.

Las mujeres deben aparecer como líderes, expertas y agentes de cambio, no solo como acompañantes.

3.2. Calidad comunicativa con perspectiva de género

La calidad en la comunicación se ha asociado a aspectos técnicos como la claridad, la coherencia y la estética. Sin embargo, en un contexto social diverso, estos criterios resultan insuficientes si no se tiene en cuenta la equidad de género como parte de la calidad. Un mensaje puede ser impecable en la forma y, al mismo tiempo, reforzar desigualdades.

Integrar la perspectiva de género redefine la noción de calidad comunicativa, ampliándola hacia criterios éticos y sociales. La calidad, además de medir la manera en la que se transmite un mensaje, tiene en cuenta a las personas a las que incluye, la forma en la que representa a los distintos colectivos y el impacto que tiene en la percepción de la ciudadanía.

De este modo, la perspectiva de género se convierte en **un estándar de calidad reconocido internacionalmente.** Aplicarla asegura que los mensajes sean inclusivos, representativos y accesibles, fortaleciendo la confianza de la sociedad en las instituciones y organizaciones que los emiten.

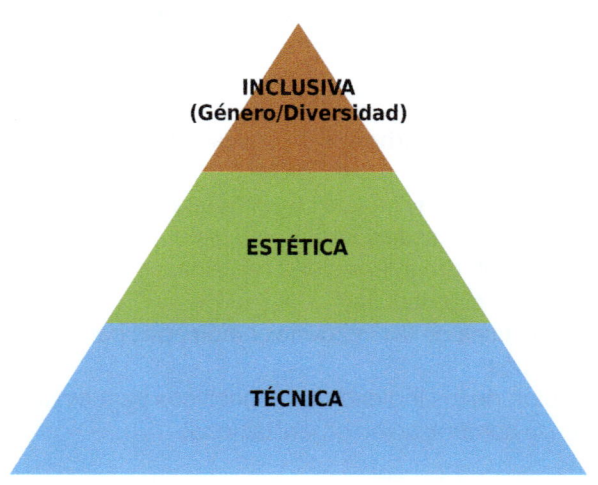

La calidad comunicativa mejora los criterios éticos y sociales de la comunicación.

 **RECUERDA**

La ciudadanía confía más en instituciones y organizaciones que comunican con criterios inclusivos y equitativos.

Criterios de calidad con enfoque de género

El enfoque de género aplicado a la comunicación se concibe como una estrategia destinada a transformar la manera en la que se diseñan y se difunden los mensajes en los distintos ámbitos sociales e institucionales. Su propósito central es garantizar que la representación de las personas se realice en condiciones de equidad, evitando la reproducción de los estereotipos y promoviendo la diversidad como un valor esencial en la vida pública.

Este enfoque se ha consolidado como un componente indispensable en la gestión comunicativa contemporánea, ya que permite generar mensajes inclusivos, accesibles y socialmente responsables. Al incorporar en la comunicación los criterios de calidad vinculados a la igualdad, las instituciones refuerzan la coherencia entre lo que comunican y lo que practican, contribuyendo al fortalecimiento de una sociedad más democrática y equitativa.

Entre los criterios más relevantes se encuentran:

➲ Garantizar la representación equitativa en los mensajes e imágenes.
➲ Reflejar las realidades múltiples (edad, etnia, orientación sexual, capacidades).
➲ Adaptar los formatos a los distintos públicos (subtítulos, lectura fácil, tecnologías de apoyo).
➲ Mantener la alineación entre el discurso inclusivo y la práctica institucional.
➲ Evaluar la contribución de la comunicación a la igualdad y la equidad.

 **EJEMPLO**

Calidad insuficiente: una campaña visualmente atractiva que solo representa a hombres como líderes.

Calidad con perspectiva de género: la misma campaña muestra a mujeres y hombres en roles de decisión y cuidado, y hace uso de lenguaje inclusivo.

Lista de verificación de calidad comunicativa

La creación de las **listas de verificación en el ámbito de la comunicación** tiene su origen en la necesidad de estandarizar los procesos y asegurar que los mensajes cumplen con los principios básicos de inclusión y calidad. Estas herramientas permiten revisar de manera sistemática distintos aspectos clave antes de difundir un contenido.

Contar con una lista de verificación comunicativa es esencial para evaluar la coherencia, la accesibilidad y la pertinencia de los mensajes. Su aplicación garantiza que la comunicación institucional responde a los criterios básicos de calidad y contribuye a generar un impacto positivo en la sociedad.

Entre los principales **aspectos a considerar** destacan:

- ➲ Evaluación del uso del lenguaje inclusivo en todo el mensaje.
- ➲ Representación de la diversidad social real en las imágenes difundidas.
- ➲ Garantía de accesibilidad en los formatos para los distintos colectivos.
- ➲ Coherencia entre el discurso institucional y la práctica comunicativa.
- ➲ Existencia de los indicadores específicos para medir la percepción social de la comunicación.

IMPORTANTE

Un mensaje de calidad es aquel que respeta los principios de igualdad y diversidad.

4. Resumen

La comunicación no puede considerarse de calidad si no incorpora la equidad como principio fundamental. Durante mucho tiempo, los mensajes difundidos desde las instituciones, los medios y las organizaciones han reproducido estereotipos que invisibilizaban o relegaban a las mujeres a roles secundarios. La equidad busca revertir estas desigualdades históricas, asegurando que todas las personas tengan las mismas oportunidades de representación y visibilidad. Este principio no se limita a dar lo mismo a todas las personas, sino a ofrecer lo necesario para garantizar la igualdad real de oportunidades en la comunicación.

Los conceptos clave que se deben conocer son:

En este marco, la calidad comunicativa se redefine. Ya no basta con evaluar los aspectos técnicos, como la corrección gramatical, la claridad del mensaje o la estética de los materiales. Una comunicación formalmente impecable puede carecer de calidad si excluye a parte de la población o si transmite roles sexistas. Incorporar la perspectiva de género como criterio de calidad significa valorar si los mensajes son inclusivos, si reflejan la diversidad social, si son accesibles a los diferentes colectivos y si promueven activamente la igualdad.

Entre las dimensiones que se deben analizar para garantizar la calidad comunicativa se encuentran:

La equidad y la calidad actúan como dimensiones complementarias e inseparables. La equidad garantiza la justicia en la representación, mientras que la calidad avala la legitimidad y la coherencia del proceso comunicativo. Cuando se aplican de manera conjunta, los mensajes dejan de convertirse en simples transmisiones de la información para convertirse en herramientas de transformación social capaces de cuestionar los estereotipos, generar confianza ciudadana y abrir espacios de participación para todos los colectivos.

Para conseguir la equidad en los procesos comunicativos, se puede trabajar sobre los siguientes aspectos:

Aplicar estos principios, además de beneficiar a la sociedad, también beneficia a las propias organizaciones. Una comunicación equitativa y de calidad refuerza la credibilidad institucional, mejora la percepción pública y fortalece la coherencia entre el discurso y la práctica. Esto resulta especialmente importante en un contexto en el que los organismos internacionales, como la ONU o la Unión Europea, exigen la integración de la perspectiva de género como criterio de evaluación y calidad.

Equidad y calidad constituyen los dos pilares esenciales para una comunicación responsable y democrática. La primera asegura una representación justa y diversa; la segunda garantiza que los mensajes sean eficaces, accesibles y socialmente legítimos. Juntas conforman un marco que convierte la comunicación en una palanca de cambio hacia la consecución de sociedades más inclusivas e igualitarias.

Entre las medidas más relevantes para garantizar la equidad destacan:

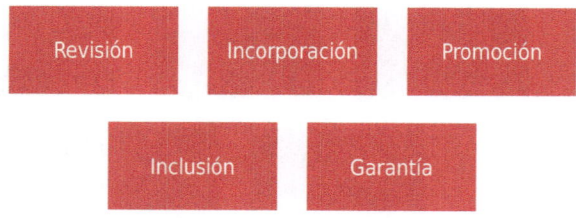

Entre los principales **aspectos a considerar** para verificar la calidad comunicativa, no hay que olvidarse de:

Ejercicios de autoevaluación
Unidad de Aprendizaje 1

1. Indica si las siguientes oraciones son verdaderas o falsas.

a. El sexo se refiere a las diferencias biológicas entre hombres y mujeres, mientras que el género hace referencia a los roles y comportamientos asignados socialmente.

- Falso
- Verdadero

b. El género es una característica biológica que determina las funciones físicas de cada persona.

- Falso
- Verdadero

c. Históricamente, los medios de comunicación han contribuido a mantener los roles estereotipados de género.

- Falso
- Verdadero

d. La perspectiva de género en la comunicación busca promover unas relaciones justas y equitativas.

- Falso
- Verdadero

2. ¿Qué implica adoptar una perspectiva de género en los procesos comunicativos?

a. Utilizar únicamente símbolos masculinos.
b. Visibilizar a todas las personas y evitar estereotipos.
c. Representar solo a colectivos minoritarios.
d. Garantizar la neutralidad total en el lenguaje.

3. El concepto *androcentrismo* significa:

a. Promoción de la diversidad cultural.
b. Exclusión intencional de minorías étnicas.

    c. Uso de símbolos religiosos en la comunicación.
    d. Visión que sitúa lo masculino como modelo universal.

4. Una de las estrategias de lenguaje inclusivo es:

    a. Desdoblamiento en expresiones como "alumnas y alumnos".
    b. Uso de apodos afectivos en textos institucionales.
    c. Sustitución de todos los sustantivos por siglas.
    d. Omisión de colectivos para simplificar mensajes.

5. La perspectiva de género en la calidad comunicativa significa:

    a. Perfeccionar únicamente el diseño gráfico.
    b. Garantizar claridad técnica sin enfoque social.
    c. Reconocer que la calidad incluye inclusión y equidad.
    d. Evaluar únicamente la gramática y la ortografía.

6. ¿Qué técnica de evaluación consiste en analizar textos, imágenes y discursos para detectar sesgos?

    a. Revisión documental
    b. Análisis de contenido
    c. Observación sistemática
    d. Cuestionarios de percepción

7. La corresponsabilidad en la comunicación implica:

    a. Delegar todo en un único departamento.
    b. Mantener criterios de género solo en campañas.
    c. Centrarse únicamente en el personal directivo.
    d. Involucrar a toda la organización en la igualdad.

8. La gestión de la calidad con perspectiva de género busca:

    a. Mantener la neutralidad absoluta en los mensajes.
    b. Ignorar el impacto social de la comunicación.
    c. Transformar desigualdades en oportunidades de mejora.
    d. Evaluar solo los aspectos estéticos de los mensajes.

9. La equidad comunicativa significa:

    a. Limitar la representación de colectivos sociales.
    b. Dar visibilidad justa a mujeres y hombres.
    c. Mantener privilegios históricos masculinos.
    d. Usar lenguaje sexista para simplificar.

10. Equidad y calidad en comunicación significan:

    a. Asegurar representación justa y mensajes inclusivos.
    b. Reforzar únicamente los aspectos técnicos.
    c. Promover roles rígidos y estereotipados.
    d. Mantener la exclusión de colectivos.

Aplicación práctica de la evaluación en la comunicación con perspectiva de género

Contenido

1. Introducción
2. Estrategias y planificación de la evaluación en las actividades de información y comunicación
3. Aplicación de técnicas e instrumentos en contextos reales
4. Construcción y validación de indicadores de género
5. Registro y tratamiento de los datos en la evaluación
6. Resumen

Objetivos

Los objetivos específicos de esta Unidad de Aprendizaje son:

→ Diseñar planes operativos de evaluación adaptados a distintos contextos comunicativos.

→ Seleccionar y aplicar técnicas e instrumentos de análisis con enfoque de género.

→ Construir y validar indicadores que permitan medir la equidad comunicativa.

→ Registrar y tratar los datos en formatos normalizados que orienten las acciones de cambio.

→ Elaborar informes y memorias inclusivas basadas en evidencias.

→ Transmitir los resultados de manera clara, ordenada y equitativa, integrando la perspectiva de género como criterio de calidad.

→ Elaborar una planificación estratégica básica que integre actividades, actores, recursos, indicadores y tiempos para evaluar una campaña institucional de comunicación desde un enfoque inclusivo y participativo.

→ Diseñar una propuesta de triangulación metodológica que combine distintas técnicas e instrumentos de evaluación para analizar una campaña de comunicación desde la perspectiva de género, garantizando la obtención de resultados contrastados y complementarios.

→ Diseñar, de forma práctica, indicadores de género aplicados a un caso real de comunicación pública, incorporando una revisión técnica y participativa.

→ Organizar los datos obtenidos tras una campaña de comunicación institucional, utilizando un formato estructurado que permita orientar acciones de mejora hacia una comunicación inclusiva y no discriminatoria.

1. Introducción

La evaluación de la comunicación con perspectiva de género busca medir y garantizar la calidad de los procesos comunicativos, asegurando que sean justos, inclusivos y coherentes con los principios de igualdad. Para ello, requiere una planificación cuidadosa, el uso de los indicadores adecuados y un análisis riguroso que permita mejorar los mensajes y promover la equidad en la práctica profesional. En los entornos institucionales, educativos o sociales, la planificación se convierte en una herramienta estratégica para orientar las decisiones, elaborar los cronogramas, seleccionar los instrumentos y definir indicadores que midan la eficacia de la comunicación inclusiva y fomenten las prácticas libres de discriminación.

Asimismo, resulta esencial desarrollar las habilidades necesarias para registrar y sistematizar los datos evaluativos, presentarlos en formatos adecuados y elaborar los informes que reflejen la diversidad social. El uso de matrices, rúbricas o plantillas facilita la comparación de los resultados y el diseño de las estrategias de mejora continua. Incorporar la perspectiva de género como criterio transversal en todas las etapas del ciclo comunicativo garantiza una evaluación ética, representativa y coherente con los valores de igualdad.

Estíbaliz y Alberto han entendido que comunicar con perspectiva de género implica cuidar el lenguaje, las imágenes y los mensajes. Ahora quieren aprender cómo evaluar esas prácticas en su trabajo diario. Estíbaliz se encargará de diseñar un plan de evaluación para medir la representación equitativa en las campañas del ayuntamiento. Alberto, por su parte, elaborará una matriz de indicadores para analizar la calidad de los informes institucionales. Juntos comprobarán que evaluar no es solo contar cuántas veces aparece una mujer o un hombre en una publicación, sino entender cómo se representan, qué valores transmiten y qué cambios pueden impulsar a partir de esos datos.

2. Estrategias y planificación de la evaluación en las actividades de información y comunicación

☞ HILO CONDUCTOR

Estíbaliz y Alberto se están preparando para realizar su primera evaluación comunicativa con enfoque de género. Antes de empezar, se han dado cuenta de que planificar es fundamental: sin un plan claro, los esfuerzos se dispersan y los resultados pierden valor. Estíbaliz se encargará de definir los objetivos y los indicadores, mientras que Alberto diseñará el cronograma de trabajo y asignará las responsabilidades dentro del equipo de trabajo.

A lo largo del proceso, entenderán que una buena planificación no solo ordena las tareas, sino que también asegura la coherencia y la transparencia de todo el trabajo evaluativo. Gracias a ello, conseguirán estructurar un plan que les servirá como guía para medir la equidad en la comunicación de la organización.

La planificación de la evaluación comunicativa garantiza los procesos de análisis estructurados, objetivos y coherentes con los principios de igualdad. Implica definir qué se evaluará, cómo medir la eficacia y qué criterios determinarán la calidad y la equidad de los resultados. Una planificación operativa organiza las fases del proceso, asigna las responsabilidades y selecciona los instrumentos más adecuados para obtener una información fiable y útil. Además, conecta los medios, recursos y resultados en un sistema orientado a la mejora continua, convirtiendo la evaluación en una herramienta estratégica que fortalece la calidad comunicativa.

Incorporar la perspectiva de género en la planificación permite analizar las acciones comunicativas desde la equidad, la representatividad y el respeto a la diversidad. Mediante los indicadores y las metodologías específicas, la evaluación identifica las desigualdades, valora la participación equilibrada y fomenta una comunicación institucional inclusiva. En este sentido, la planificación de la evaluación debe concebirse como un proceso técnico y ético que garantice que las acciones comunicativas, además de cumplir sus objetivos de difusión, respeten los valores de justicia, diversidad y responsabilidad social propios de la comunicación pública.

2.1. La planificación como herramienta estratégica

Planificar la evaluación comunicativa con perspectiva de género supone establecer un proceso estructurado y medible que verifique si los mensajes, canales y prácticas cumplen los criterios de equidad y calidad. No debe entenderse como un trámite administrativo, sino como el inicio de un ciclo de mejora continua donde se definen los objetivos, recursos, plazos y responsabilidades. Una planificación adecuada evita las improvisaciones, garantiza la utilidad y la sostenibilidad de la evaluación y permite anticipar qué, cómo, quién y cuándo se evaluará, asegurando la transparencia y la coherencia institucional.

Asimismo, la planificación estratégica incorpora los mecanismos de seguimiento y control para detectar las desviaciones y aplicar las medidas correctivas oportunas, fortaleciendo la fiabilidad de los resultados y la toma de decisiones inclusivas. Integrar la perspectiva de género en todas las fases, desde los objetivos y los indicadores hasta la interpretación de los resultados, permite visibilizar las desigualdades, evitar los sesgos y fomentar la participación equitativa de todas las personas implicadas.

2.2. Fases básicas del proceso de planificación

La planificación de un proceso de evaluación es esencial para garantizar unos resultados fiables, coherentes y útiles en la toma de decisiones. Un plan estructurado organiza los recursos, define las responsabilidades y establece un marco temporal adecuado, reduciendo los errores y las desviaciones. Cada fase debe incluir unos objetivos claros, unos criterios de medición precisos, los métodos de recogida de datos apropiados y una asignación eficiente de los recursos humanos, tecnológicos y económicos.

Una planificación rigurosa permite anticiparse a las dificultades, identificar las áreas de mejora y aplicar los mecanismos de control y seguimiento que aseguren su coherencia y eficiencia. Además, un plan documentado actúa como el registro formal de las estrategias, criterios y métodos, y fortalece la transparencia, la trazabilidad y la posibilidad de replicar el proceso en futuras evaluaciones.

Las fases básicas de un proceso de planificación son:

- **Definición de objetivos de evaluación:** establecer qué se quiere comprobar: equidad en la representación, lenguaje inclusivo, equilibrio en la participación, percepción del público, etc.

- ➲ **Determinación de los criterios e indicadores:** vincular cada objetivo con los indicadores adecuados (por ejemplo: número de mujeres portavoces, uso de lenguaje neutro, diversidad de imágenes).
- ➲ **Selección de técnicas e instrumentos:** elegir los métodos de recogida de información (observación, encuesta, revisión documental, auditoría comunicativa).
- ➲ **Asignación de responsabilidades:** designar quién planifica, quién recoge datos, quién analiza resultados y quién comunica las conclusiones.
- ➲ **Diseño del cronograma y recursos:** establecer unos tiempos realistas y los medios necesarios (humanos, tecnológicos, económicos).
- ➲ **Elaboración del plan de evaluación:** redactar un documento que incluya todas las fases anteriores y las estrategias de seguimiento y revisión.

2.3. Integrar la perspectiva de género en la planificación

Integrar la perspectiva de género desde la fase inicial de planificación significa diseñar todo el proceso evaluativo con un enfoque inclusivo y consciente de las desigualdades existentes. No se trata únicamente de ajustar el lenguaje o las cifras, sino de garantizar que todas las experiencias y las percepciones de los grupos destinatarios sean consideradas y valoradas. La evaluación debe detectar los posibles sesgos en la representación y fomentar la equidad en la comunicación.

Desde el inicio, es fundamental formular preguntas inclusivas y diseñar instrumentos de recogida de información que visibilicen las disparidades y las omisiones.

 **EJEMPLO**

En lugar de preguntar: "El público ¿percibe el mensaje como claro?", se recomienda plantear: "¿Todas las personas destinatarias perciben el mensaje como claro y representativo de su realidad?". Este cambio de formulación permite ampliar el análisis y considerar la diversidad de perspectivas en la interpretación de los datos.

La planificación con perspectiva de género también requiere que se le preste atención a la organización y a la metodología del proceso evaluativo. Se deben definir los roles claros en los equipos de evaluación, asegurar que se utilizan las técnicas apropiadas para cada objetivo y que los instrumentos recogen la información, cuantitativa y cualitativa, sobre la representación de género. Esta aproximación trata de garantizar que la evaluación sea formal, significativa y relevante para la inclusión.

La validación de los instrumentos y procedimientos por parte de las personas expertas en igualdad o comunicación inclusiva es esencial para asegurar la fiabilidad y la pertinencia de los resultados. Este enfoque fortalece la capacidad de la organización para detectar las áreas de mejora, corregir los sesgos y promover una comunicación más equitativa y representativa.

En la planificación con perspectiva de género se deben considerar los siguientes aspectos:

- **Diagnóstico inicial con enfoque inclusivo:** analizar la situación de partida identificando las desigualdades, los estereotipos o las brechas de participación entre las mujeres, los hombres y el resto de las identidades de género.
- **Definición de objetivos equitativos:** establecer las metas que promuevan la igualdad real de oportunidades y la representación diversa en los procesos comunicativos.
- **Lenguaje y mensajes no sexistas:** garantizar que la comunicación escrita, visual y verbal sea inclusiva, evitando expresiones discriminatorias o estereotipadas.
- **Participación equilibrada:** fomentar la presencia y la voz de todas las personas en la planificación, ejecución y evaluación de las acciones comunicativas.
- **Indicadores sensibles al género:** diseñar las herramientas de evaluación que permitan medir el impacto diferenciado de las acciones sobre los distintos grupos.
- **Formación y sensibilización del equipo:** asegurar que las personas implicadas comprendan la importancia del enfoque de género y lo integren en su práctica profesional.
- **Revisión y mejora continua:** incorporar los mecanismos de seguimiento necesarios que permitan ajustar las estrategias y garantizar la coherencia con los valores de igualdad y diversidad.

IMPORTANTE

La planificación debe documentarse en un formato accesible y compartido por todo el equipo. Un plan de evaluación no es un archivo "interno", sino una herramienta viva que debe revisarse y actualizarse tras cada proceso comunicativo.

EJEMPLO

Un ayuntamiento ha lanzado una campaña sobre empleo juvenil y quiere evaluar si la comunicación refleja la igualdad de oportunidades.

Fase	Elemento de planificación	Ejemplo
Objetivo	Análisis de la representación de género en los materiales	Evaluación de la proporción de imágenes de mujeres y hombres
Indicador	Equilibrio visual y textual	Al menos el 50 % de protagonistas femeninas en carteles
Técnica	Observación sistemática y revisión documental	Revisión de carteles, folletos y publicaciones digitales
Responsable	Equipo de comunicación + agente de igualdad	Elaboración del informe conjunto
Cronograma	Dos semanas posteriores al lanzamiento	Entrega del informe con recomendaciones
Resultado esperado	Ajustes en el diseño gráfico y textual	Versión revisada de la campaña con lenguaje inclusivo

---

2.4. La planificación estratégica de la comunicación inclusiva en los entornos reales

La planificación estratégica de la comunicación inclusiva es una herramienta esencial para asegurar que los procesos comunicativos respondan

[68]

a los principios de igualdad y diversidad. En los contextos institucionales, educativos o sociales, la comunicación no solo transmite la información, sino que influye en las percepciones y construye la cultura organizativa. Por ello, una estrategia inclusiva debe integrar la equidad como eje transversal, garantizando que los mensajes, las imágenes y los canales reflejen un compromiso con la justicia social y la representación equilibrada. Planificar estratégicamente implica anticiparse a las necesidades, definir los objetivos medibles y coordinar los recursos humanos y técnicos en torno a la eficacia y a la coherencia institucional.

La comunicación inclusiva requiere considerar la diversidad de los públicos, contextos y canales, identificando las barreras que limiten la participación equitativa. Incluir la perspectiva de género, la accesibilidad y la interseccionalidad permite eliminar los sesgos y fortalecer la credibilidad institucional. Así, la comunicación se convierte en un medio de transformación social basado en la calidad, la ética y la responsabilidad. Esta planificación consolida los procesos que garantizan representaciones justas, un lenguaje respetuoso y una información transparente y participativa, reflejando los valores de igualdad que deben guiar toda acción pública.

La planificación estratégica de la comunicación debe ser transversal a todos los ámbitos de la empresa u organización.

La planificación como proceso estratégico

En los entornos reales, la planificación de la evaluación comunicativa debe concebirse como un proceso estratégico y transversal, que involucre a todos los niveles de la organización. No se trata únicamente de establecer un cronograma o distribuir las tareas, sino de alinear la comunicación con la misión institucional, los valores de igualdad y los objetivos sociales.

Una planificación estratégica permite anticiparse a las dificultades, optimizar los recursos y garantizar la coherencia entre los mensajes internos y externos. Para que sea efectiva, debe integrar tres dimensiones esenciales:

Dimensión organizativa

Determina la estructura interna, los equipos responsables y los canales de coordinación.

Dimensión técnica

Define los métodos, los indicadores, los instrumentos y los formatos de registro.

Dimensión social

Considera las necesidades y características del público destinatario, asegurando la inclusión y la accesibilidad de los mensajes.

La planificación estratégica se define como un mapa operativo, que guía cada decisión y asegura que la evaluación comunicativa contribuya a una gestión institucional justa y transparente.

Etapas de la planificación estratégica inclusiva

La planificación estratégica inclusiva busca integrar los principios de igualdad, diversidad y equidad en todas las fases de diseño y ejecución de una política o plan de comunicación. Este enfoque, además de garantizar la representatividad de los distintos grupos sociales, también promueve la participación y la transparencia de los procesos institucionales.

Cada etapa de la planificación debe orientarse a la construcción de entornos comunicativos más justos y accesibles, a fin de asegurar que la toma de decisiones esté fundamentada en datos, en objetivos claros y en la colaboración entre los diferentes actores implicados. Dichas etapas son las siguientes:

- ⮑ **Diagnóstico del contexto:** analizar el entorno político, social y comunicativo para detectar nuevas oportunidades, riesgos y resistencias al cambio.

- **Definición de metas y resultados esperados:** establecer objetivos claros, medibles y vinculados a los valores de equidad e igualdad.
- **Identificación de actores clave:** involucrar a los departamentos implicados y, cuando sea posible, a los representantes de la ciudadanía.
- **Asignación de recursos:** estimar el presupuesto, el tiempo y los medios necesarios para la ejecución del plan.
- **Diseño de estrategias operativas:** definir los métodos de evaluación, las herramientas a emplear y la forma de comunicar los resultados.
- **Implementación y seguimiento:** ejecutar las acciones previstas, garantizando la coordinación y la revisión continua del progreso.
- **Evaluación y retroalimentación:** analizar los resultados obtenidos y ajustar las estrategias para mejorar las intervenciones futuras.

 SABÍAS QUE...

Según la Comisión Europea (2024), las administraciones públicas que integran la perspectiva de género en la planificación de sus estrategias de comunicación obtienen un 40 % más de coherencia entre sus políticas y sus mensajes institucionales.

La digitalización como aliada de la planificación inclusiva

La digitalización ha transformado la organización del trabajo en los procesos de evaluación comunicativa, permitiendo centralizar la información, asignar las tareas equitativamente y garantizar la participación de todo el equipo en la toma de decisiones. Estas herramientas facilitan la colaboración y la trazabilidad, ya que cada acción o documento queda registrado, asegurando un control riguroso y transparente.

Además, la accesibilidad de muchas plataformas, gratuitas o de bajo coste, democratiza la gestión de los proyectos y promueve la inclusión tecnológica, fortaleciendo la eficiencia y la coherencia comunicativa.

Principales herramientas digitales y su aplicación

Las herramientas digitales son esenciales para planificar, ejecutar y evaluar las estrategias inclusivas, ya que optimizan la gestión de la información, mejoran la comunicación entre los equipos y fomentan la participación ciudadana. Además, fortalecen la transparencia y la accesibilidad, convirtiéndose en pilares de una comunicación con perspectiva de género y equidad social.

La selección y aplicación de estas herramientas deben ajustarse a las necesidades de cada proyecto, priorizando las que promuevan la colaboración, la recopilación de los datos desagregados y la difusión de mensajes claros e inclusivos.

Las distintas herramientas de apoyo se pueden agrupar en:

- **Gestores de proyectos:** facilitan la organización de las tareas, los plazos y los responsables, y promueven la coordinación entre equipos diversos. Algunos ejemplos de aplicaciones son *Trello, Asana* o *Monday.*
- **Herramientas de comunicación interna:** permiten una comunicación fluida, transparente y accesible entre las diferentes áreas de trabajo. Algunos ejemplos de aplicaciones son *Slack, Microsoft Teams* o *Google Chat.*
- **Plataformas de encuestas y análisis de datos:** útiles para recopilar la información desagregada por género y otros ejes de diversidad. Algunos ejemplos de aplicaciones son *Google Forms, SurveyMonkey* o *Power BI.*
- **Sistemas de diseño colaborativo:** fomentan la cocreación de materiales visuales con criterios inclusivos y accesibles. Algunos ejemplos de aplicaciones son *Canva, Figma* o *Miro.*
- **Redes sociales y gestores de contenido:** apoyan la difusión de los mensajes institucionales con enfoque de igualdad y diversidad. Algunos ejemplos de aplicaciones son *Hootsuite, Buffer* o *Meta Business Suite.*
- **Herramientas de accesibilidad digital:** evalúan el cumplimiento de los estándares de accesibilidad web en los contenidos comunicativos. Algunos ejemplos de aplicaciones son *Wave, Axe* o *Siteimprove.*
- **Plataformas de formación en línea:** facilitan la capacitación continua del personal en materia de igualdad, diversidad y comunicación inclusiva. Algunos ejemplos de aplicaciones son *Moodle, Google Classroom* o *Coursera.*

Buenas prácticas para un uso inclusivo de las herramientas digitales

El uso de las herramientas digitales debe alinearse con los principios de igualdad y accesibilidad para garantizar que todas las personas puedan participar en condiciones de equidad. Una gestión digital inclusiva debe mejorar la eficiencia y fortalecer la corresponsabilidad, la transparencia y el sentido de pertenencia de los equipos de trabajo.

Adoptar unas buenas prácticas en el uso de estas plataformas implica atender a la accesibilidad técnica y a la igualdad de oportunidades durante los trabajos de colaboración. Esto requiere un enfoque proactivo que elimine las barreras digitales y promueva la participación equilibrada.

Algunas de las buenas prácticas recomendadas en el uso de las herramientas digitales son:

- **Asegurar la accesibilidad:** utilizar fuentes legibles, colores contrastados y lenguaje claro.
- **Compartir los permisos equitativamente:** garantizar que todas las personas del equipo puedan aportar y editar, no solo visualizar.
- **Fomentar la corresponsabilidad:** asignar las tareas de forma equilibrada y visible para todo el grupo.
- **Promover la formación digital básica:** evitar las exclusiones por falta de conocimientos tecnológicos.
- **Integrar indicadores de género en los tableros:** registrar la participación equilibrada en las reuniones, decisiones y revisiones de contenidos.

IMPORTANTE

El uso de herramientas digitales implica responsabilidad en la gestión de datos personales. Siempre deben respetarse las normas de confidencialidad, protección de información y ciberseguridad, especialmente cuando los proyectos incluyen datos sensibles sobre personas o coordinación interdepartamental y trabajo colaborativo.

La coordinación interdepartamental y el trabajo colaborativo son esenciales para asegurar la coherencia y la eficacia de la comunicación inclusiva. La igualdad exige una visión transversal que integre esfuerzos, recursos y responsabilidades en todas las áreas, permitiendo que cada departamento comprenda su papel dentro del sistema comunicativo global. Esta coordinación favorece la unidad de criterio, la eficiencia y la consistencia de los mensajes, mientras que el trabajo colaborativo fomenta la participación, el intercambio de información y la toma de decisiones compartida, generando una cultura institucional basada en la corresponsabilidad y el aprendizaje mutuo.

La comunicación inclusiva requiere estructuras organizativas que promuevan el diálogo y la cooperación más allá de las jerarquías. La coordinación interdepartamental actúa como un espacio estratégico donde se revisan los mensajes, se analizan los resultados y se diseñan las acciones conjuntas orientadas a la mejora continua. Este modelo colaborativo, sustentado en los valores éticos y operativos, garantiza la participación de todas las áreas y convierte la evaluación comunicativa en un proceso compartido que fortalece la justicia, la integración y la conciencia social de la organización.

La coordinación como principio de coherencia institucional

En toda organización, los procesos comunicativos se distribuyen entre los distintos departamentos: comunicación, recursos humanos, igualdad, educación, atención ciudadana, entre otros. Si cada uno actúa de manera independiente, el resultado puede ser contradictorio o, incluso, discriminatorio.

La coordinación interdepartamental asegura que los mensajes, las estrategias y las evaluaciones respondan a un mismo propósito: transmitir la información de manera coherente, representativa y alineada con los valores de igualdad y equidad definidos por la empresa u organización.

 **RECUERDA**

La coordinación, además de mejorar la eficacia, también refuerza la credibilidad institucional al transmitir a la ciudadanía la coherencia entre lo que la organización dice y lo que hace.

Estrategias para fortalecer la coordinación

Una comunicación institucional efectiva requiere mecanismos de coordinación sólidos entre las distintas áreas de la organización. En el contexto de la gestión inclusiva y de calidad, la coordinación, además de garantizar la coherencia de los mensajes, también trabaja sobre la incorporación transversal de la perspectiva de género y la equidad en los procesos internos, para lo que se puede apoyar en:

- **Comités o grupos de trabajo interdepartamentales:** están integrados por los representantes de los diferentes departamentos implicados en la comunicación. Su objetivo principal es revisar los materiales, consensuar los mensajes y establecer los protocolos de actuación comunes. Estos espacios favorecen la transparencia y permiten identificar los posibles sesgos o incoherencias antes de la difusión de los contenidos.
- **Reuniones periódicas de seguimiento:** constituyen una herramienta fundamental para mantener la alineación entre los equipos. En ellas se revisan los objetivos establecidos, se analizan los indicadores de desempeño y se evalúan los avances. Es recomendable que estas reuniones promuevan la participación equitativa de todas las voces y garanticen que las decisiones se adopten de manera consensuada.
- **Documentos de referencia comunes:** la existencia de guías de estilo, los manuales de identidad visual, los protocolos de igualdad o las listas de verificación permiten unificar los criterios y asegurar la coherencia comunicativa en toda la organización. Estos documentos deben actualizarse periódicamente y ser accesibles a todo el personal, facilitando la aplicación práctica de los principios de igualdad y comunicación inclusiva.
- **Canales de comunicación interna efectivos:** las plataformas digitales compartidas, como *Google Drive, Slack* o *Microsoft Teams,* mejoran la coordinación, al permitir la gestión colaborativa de los documentos y la comunicación en tiempo real. Su uso adecuado garantiza una circulación fluida de la información y evita duplicidades o pérdidas de datos relevantes.
- **Cultura de colaboración:** la coordinación no depende únicamente de las herramientas o de los procedimientos, sino también de una cultura organizativa que fomente el trabajo en equipo. Promover una comunicación horizontal, basada en el respeto, la escucha activa y el reconocimiento de las aportaciones de todas las personas fortalece la cohesión institucional y contribuye a un entorno laboral más equitativo y eficiente.

El papel del liderazgo inclusivo

El liderazgo constituye un factor determinante para lograr una coordinación efectiva dentro de las organizaciones. Más que una función de dirección jerárquica, implica la capacidad de promover la colaboración, la participación y el sentido de corresponsabilidad entre todos los miembros del equipo.

Un liderazgo inclusivo se distingue por incorporar la perspectiva de igualdad en la toma de decisiones y en la gestión cotidiana de los recursos humanos y comunicativos. Supone generar entornos donde cada persona pueda aportar su experiencia y conocimiento en condiciones de equidad.

Entre las principales características del liderazgo inclusivo destacan:

- **Escucha activa:** atender las opiniones y necesidades de los diferentes equipos, garantizando que todas las voces sean consideradas en la toma de decisiones.
- **Delegación equitativa:** distribuir las funciones y las responsabilidades de manera justa, reconociendo las competencias y promoviendo la confianza mutua.
- **Reconocimiento del trabajo colectivo:** valorar los logros del grupo por encima de los individuales, fortaleciendo la cohesión y el sentido de pertenencia.
- **Promoción de la paridad:** asegurar la participación equilibrada de mujeres y hombres en los espacios de liderazgo y decisión.

NOTA

Cuando el liderazgo se ejerce desde estos principios, los equipos se sienten escuchados, respetados y valorados, lo que contribuye a una comunicación más transparente, mejora la calidad del trabajo y consolida una cultura institucional basada en la igualdad, la confianza y la cooperación.

2.5. La gestión del tiempo como pilar de la calidad

La gestión del tiempo en los proyectos de evaluación comunicativa implica establecer las prioridades, distribuir las tareas y controlar los plazos sin perder la coherencia con los objetivos de igualdad y calidad.

Una buena organización temporal, además de mejorar la productividad, también reduce el estrés laboral, evita la sobrecarga de trabajo y fomenta la corresponsabilidad dentro del equipo.

Los principios fundamentales para gestionar el tiempo de forma efectiva son:

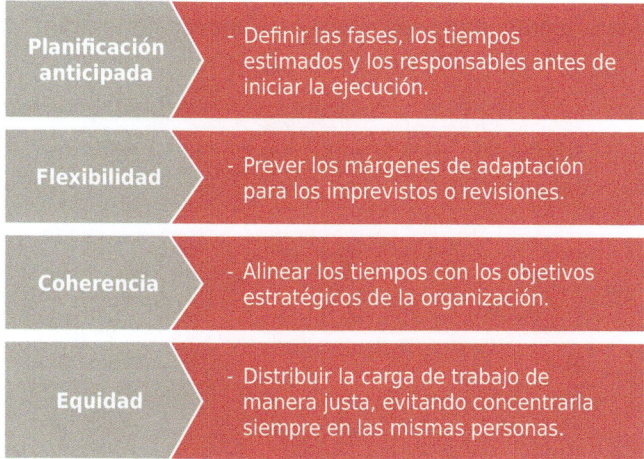

Planificación anticipada	- Definir las fases, los tiempos estimados y los responsables antes de iniciar la ejecución.
Flexibilidad	- Prever los márgenes de adaptación para los imprevistos o revisiones.
Coherencia	- Alinear los tiempos con los objetivos estratégicos de la organización.
Equidad	- Distribuir la carga de trabajo de manera justa, evitando concentrarla siempre en las mismas personas.

En los proyectos de comunicación inclusiva, los recursos más valiosos son las personas y los medios disponibles para llevar a cabo las acciones planificadas. La gestión adecuada de ambos garantiza que las tareas se desarrollen de manera eficaz, sostenible y en coherencia con los principios de igualdad y equidad de género.

El equipo humano constituye el motor de toda estrategia comunicativa. Su gestión debe centrarse en el aprovechamiento del talento, la cooperación y la corresponsabilidad.

Las principales líneas de actuación incluyen:

- **Asignación de roles según competencias:** distribuir las funciones de acuerdo con las habilidades y la experiencia profesional, evitando los estereotipos de género o las desigualdades jerárquicas en la toma de decisiones.
- **Fomento de la rotación de tareas:** permitir que las personas asuman distintas responsabilidades a lo largo del proyecto para diversificar los aprendizajes y fortalecer la cohesión del equipo.
- **Promoción de la formación continua:** incluir programas formativos en igualdad, comunicación inclusiva y trabajo colaborativo, que refuercen la sensibilización y la capacidad técnica del personal.

La disponibilidad de los medios técnicos, tecnológicos y presupuestarios determina, en gran medida, la calidad del proceso comunicativo. La gestión eficiente de estos recursos requiere una buena planificación, transparencia en la gestión e inclusión de distintos criterios éticos.

Entre las recomendaciones más relevantes se encuentran:

Elaborar presupuestos realistas y sostenibles
- Que contemplen tanto las necesidades operativas como las acciones de formación o sensibilización.

Priorizar herramientas accesibles y de bajo coste
- Como plataformas colaborativas, *software* libre o plantillas digitales inclusivas, que garanticen la participación de todo el equipo sin barreras tecnológicas.

Justificar la asignación de los recursos
- Con base en los criterios de equidad, impacto social y que contribuyan a la mejora de la calidad institucional.

La eficiencia, en el marco de una comunicación inclusiva, no implica "hacer más con menos", sino usar mejor los recursos disponibles, priorizando la equidad, la transparencia y la coherencia entre los valores institucionales y las acciones emprendidas.

En los proyectos de comunicación inclusiva, los recursos más valiosos son las personas.

Planificación presupuestaria con enfoque de igualdad

La planificación presupuestaria es un elemento estratégico para garantizar que los proyectos de comunicación inclusiva se desarrollen con equidad y eficacia. Incluir la perspectiva de género en esta fase permite que los recursos se asignen de manera justa, transparente y alineada con los principios de igualdad de oportunidades.

Integración del enfoque de igualdad en el presupuesto

El presupuesto no debe considerarse únicamente una herramienta financiera, sino también un instrumento de política institucional. Su diseño debe reflejar los compromisos de la organización con la equidad, asegurando que las partidas destinadas a la comunicación, la formación y la sensibilización contemplen la dimensión de género.

Entre las medidas clave destacan:

- **Incorporar indicadores de género en la planificación económica:** como la proporción de recursos asignados a formación en igualdad o la presencia equilibrada de mujeres y hombres en los equipos de trabajo.
- **Asignar partidas específicas para acciones inclusivas:** como la revisión del lenguaje, la producción de los materiales accesibles o la implementación de las auditorías de comunicación.
- **Evaluar el impacto presupuestario de las decisiones:** en términos de igualdad, detectando las posibles brechas en la distribución de los recursos.

Transparencia y rendición de cuentas

La gestión económica debe ser clara y verificable. Un presupuesto con enfoque inclusivo se apoya en mecanismos de seguimiento que aseguran la trazabilidad del gasto y la coherencia entre los objetivos declarados y los resultados alcanzados.

Las acciones recomendadas incluyen:

- **Publicar informes de ejecución presupuestaria:** desagregados por áreas o tipos de actividad, que muestren el grado de cumplimiento de las metas de igualdad.
- **Establecer criterios de rendición de cuentas compartidas:** donde cada área asuma la responsabilidad de justificar el uso de los recursos asignados.
- **Fomentar la participación ciudadana o interna:** en la evaluación de las decisiones presupuestarias, fortaleciendo la confianza institucional.

Evaluación y mejora continua

La incorporación de la perspectiva de género en la planificación presupuestaria debe revisarse periódicamente. Este proceso permite ajustar las asignaciones según los resultados y promover una mejora constante.

Las principales acciones incluyen:

Realizar auditorías de gasto con enfoque de género
- Para identificar los desequilibrios y proponer las medidas correctivas.

Actualizar las partidas presupuestarias
- En función de los avances logrados y de las nuevas necesidades detectadas en materia de inclusión.

Difundir buenas prácticas internas
- Promoviendo una cultura organizativa orientada a la transparencia y la equidad.

Se puede asegurar que, gracias la planificación presupuestaria con enfoque de igualdad, el presupuesto se convierte en una herramienta transformadora, que, además de financiar las actividades, también impulsa una comunicación institucional más justa, accesible y coherente con los valores de equidad.

 PARA SABER MÁS

En el siguiente enlace te mostramos una guía sencilla que contribuye a la elaboración de una planificación estratégica con enfoque de género. Accede desde aquí.

https://redirectoronline.com/1401050201

2.6. Caso práctico de diseño de un plan de evaluación para una campaña municipal

La evaluación de una campaña municipal permite medir su impacto comunicativo y garantizar que los mensajes difundidos reflejen los valores de inclusión, igualdad y transparencia que deben guiar la acción pública. Un plan de evaluación bien estructurado facilita la toma de decisiones basadas en las evidencias, la mejora de futuras estrategias y la rendición de cuentas ante la ciudadanía.

En este caso práctico se desarrolla el diseño de un plan de evaluación para una campaña municipal titulada "Ciudad viva: igualdad y participación", cuyo propósito es fomentar la implicación de la ciudadanía en las actividades comunitarias, garantizando una representación equitativa de mujeres, hombres y grupos diversos.

A través de este ejemplo, se aplicarán los principios de gestión participativa, equidad de género y eficiencia en el uso de los recursos, integrando la perspectiva inclusiva en todas las etapas del ciclo comunicativo.

Descripción del contexto

La campaña "Igualdad en tu barrio" tiene como propósito sensibilizar a la población sobre la corresponsabilidad en el hogar y la importancia de compartir las tareas domésticas y de cuidado entre mujeres y hombres. A través del uso de mensajes positivos y visuales inclusivos, el proyecto busca promover un cambio cultural que refuerce la igualdad en el ámbito cotidiano y familiar.

El ayuntamiento impulsa esta iniciativa con la intención de evaluar si los mensajes difundidos reflejan adecuadamente los valores de equidad y si la ciudadanía los percibe como representativos, inclusivos y coherentes con las políticas municipales de igualdad. La campaña se enmarca en la estrategia de comunicación institucional responsable y persigue consolidar la imagen del municipio como referente en igualdad y compromiso social.

Características del entorno

Antes de diseñar o evaluar una campaña de comunicación, es esencial comprender el contexto en el que se desarrolla, ya que ciertos factores —como la composición social, los recursos disponibles o el marco institucional— influyen en la eficacia de las acciones. En el caso de la campaña "Igualdad en tu barrio", el análisis del entorno permite identificar las particularidades del territorio, las necesidades del público destinatario y los retos para garantizar la inclusión, adaptando los contenidos, los canales y el tono a la realidad local.

Considerar las características sociales, económicas y culturales ayuda a detectar las resistencias o desigualdades que afectan la interpretación del mensaje, orientando la planificación hacia la sensibilización y el cambio sostenible. Así, el estudio del entorno se convierte en la base de una comunicación pública efectiva, participativa y coherente con los principios de igualdad y corresponsabilidad social.

Entre los elementos que se deben estudiar destacan:

- **Público destinatario:** la campaña se dirige a una audiencia amplia y diversa, que incluye a familias, asociaciones de vecinos y colectivos sociales del entorno urbano.
- **Recursos disponibles:** el proyecto cuenta con un presupuesto ajustado y un equipo técnico reducido, por lo que se priorizarán las herramientas digitales y colaborativas de bajo coste.
- **Duración:** el plazo total de ejecución es de seis semanas, incluyendo las fases de diseño, difusión y evaluación.
- **Objetivo institucional:** fortalecer la imagen del ayuntamiento como entidad comprometida con la igualdad, la corresponsabilidad y la comunicación ética.

Objetivos y resultados esperados del plan de evaluación

La evaluación de la campaña "Igualdad en tu barrio" tiene como finalidad analizar la eficacia comunicativa del proyecto y comprobar si sus mensajes consiguen transmitir los valores de corresponsabilidad y equidad promovidos desde el ayuntamiento. El plan de evaluación se concibe como un proceso participativo, en el que intervienen los equipos técnicos municipales y los colectivos sociales del territorio.

El propósito general es garantizar que los materiales, los canales y las actividades de la campaña sean inclusivos, accesibles y coherentes con las políticas locales de igualdad. De este modo, la evaluación, además de medir los resultados cuantitativos, también evaluará la percepción y el impacto social de las acciones comunicativas.

Objetivos específicos

La evaluación de la campaña "Igualdad en tu barrio" persigue analizar de forma rigurosa el grado de incorporación de la perspectiva de género y la eficacia de los mensajes emitidos. Para ello, se establecen los siguientes objetivos específicos, orientados a medir tanto los resultados comunicativos como el impacto social de la iniciativa:

- Verificar la inclusión de los criterios de igualdad y diversidad en los materiales de comunicación (lenguaje, imágenes, testimonios, iconografía y tono del mensaje).
- Evaluar la percepción ciudadana sobre la campaña, identificando el nivel de comprensión, aceptación y conexión del público con los valores de corresponsabilidad y equidad.
- Analizar la representatividad de las mujeres y los hombres en los diferentes canales y soportes, garantizando una presencia equilibrada y no estereotipada.
- Comprobar la accesibilidad de los contenidos en términos de formato, legibilidad y adaptación a distintos perfiles de la población (edad, origen, discapacidad, nivel educativo).
- Medir la eficacia de los canales de difusión empleados, redes sociales, medios locales y actividades presenciales, en función del alcance y la interacción generada.
- Identificar las fortalezas y las áreas de mejora en la planificación, ejecución y evaluación de la campaña, con el fin de optimizar las futuras estrategias municipales de comunicación inclusiva.
- Proponer medidas de mejora continua, basadas en los resultados obtenidos, que fortalezcan la transversalidad de género en las políticas y en las prácticas comunicativas del ayuntamiento.

Resultados esperados

La implementación del plan de evaluación de la campaña "Igualdad en tu barrio" pretende generar resultados verificables que permitan valorar el impacto real de la comunicación municipal en materia de igualdad y corresponsabilidad social. Los resultados esperados se agrupan en tres dimensiones:

Resultados comunicativos

- Aumento del uso coherente y sistemático del lenguaje inclusivo en todos los materiales de la campaña.

- ○ Representación equilibrada de las mujeres y los hombres en las imágenes, mensajes y testimonios difundidos.
- ○ Mayor claridad y accesibilidad en los contenidos, adaptados a los diferentes públicos y niveles de comprensión.

Resultados institucionales

- ○ Integración efectiva de la perspectiva de género en los procesos de planificación, diseño y evaluación de las campañas municipales.
- ○ Fortalecimiento de la coordinación interdepartamental entre las áreas de comunicación, igualdad y participación ciudadana.
- ○ Consolidación de la imagen del ayuntamiento como referente en comunicación inclusiva y gestión ética de los mensajes públicos.

Resultados sociales

- ○ Incremento del grado de sensibilización ciudadana respecto a la corresponsabilidad en las tareas domésticas y de cuidado.
- ○ Mejora de la percepción pública sobre el compromiso municipal con la igualdad de oportunidades.
- ○ Generación de las dinámicas comunitarias que promuevan la participación de los hombres y las mujeres en las iniciativas locales de equidad.

En conjunto, se espera que la evaluación proporcione las evidencias objetivas que permitan tomar las decisiones adecuadas, permitiendo ajustar las estrategias futuras y garantizar la sostenibilidad del enfoque inclusivo en la comunicación institucional.

Diseño del plan de evaluación

El diseño del plan de evaluación de la campaña "Igualdad en tu barrio" responde a la necesidad de medir de forma objetiva y participativa los resultados alcanzados, tanto en el ámbito comunicativo como en su impacto social. Para garantizar la trazabilidad del proceso, la coherencia metodológica y la transparencia de los resultados obtenidos, este plan se estructura en las siguientes fases:

1. **Planificación inicial:** en esta etapa se definen los objetivos específicos, los indicadores de evaluación y los responsables de cada acción. Se establecen los criterios de igualdad, accesibilidad y participación que guiarán la evaluación, así como el calendario de ejecución. Las acciones principales son:

    ◑ Reunión de coordinación entre las áreas de comunicación e igualdad.
    ◑ Selección de indicadores de impacto, alcance y percepción ciudadana.
    ◑ Elaboración del cronograma de seguimiento.
    ◑ Asignación de tareas a los equipos responsables.

2. **Recogida de información:** durante esta fase se recopilan los datos cuantitativos y cualitativos que permitan valorar la eficacia y la percepción de la campaña. Las fuentes de información son:

    ◑ Cuestionarios ciudadanos, distribuidos en formato digital y presencial, para conocer la comprensión del mensaje y su grado de aceptación.
    ◑ Entrevistas a los representantes vecinales y a las asociaciones locales, centradas en la percepción de la campaña y su representatividad.
    ◑ Revisión de los materiales comunicativos, evaluando la presencia equilibrada de las mujeres, los hombres y el uso del lenguaje inclusivo.
    ◑ Análisis del alcance en las redes sociales y en los medios locales, considerando las interacciones, los comentarios y la difusión.

3. **Análisis y valoración:** los datos recopilados se sistematizan para obtener una visión integral del impacto.

    ◑ Se realiza un análisis cuantitativo (porcentajes, frecuencia de aparición, nivel de alcance).
    ◑ Se complementa con un análisis cualitativo que identifica la percepción ciudadana, la representatividad de los mensajes y la coherencia institucional.
    ◑ Se comparan los resultados con los objetivos definidos en la fase inicial.

4. **Elaboración del informe:** el informe de evaluación sintetiza los resultados obtenidos, destacando los principales logros, las dificultades encontradas y las áreas de mejora. El contenido mínimo del informe es el siguiente:

    ◑ Resumen ejecutivo.
    ◑ Análisis de datos e interpretación de resultados.
    ◑ Conclusiones y recomendaciones.
    ◑ Propuestas para futuras campañas.
    ◑ Anexos con instrumentos utilizados (cuestionarios, fichas, matrices de seguimiento).

5. **Retroalimentación y mejora continua:** la última etapa se orienta a incorporar los aprendizajes en la planificación de futuras acciones. Las acciones previstas son:

   ☺ Presentación de resultados al equipo técnico y a los agentes sociales implicados.
   ☺ Debate participativo sobre los hallazgos y propuestas de mejora.
   ☺ Ajuste de los procedimientos de comunicación institucional a partir de las conclusiones.
   ☺ Elaboración de una guía interna de buenas prácticas basada en la experiencia evaluada.

Este diseño metodológico permite evaluar la eficacia de la campaña y fortalecer la cultura organizativa de la evaluación participativa, asegurando que la comunicación municipal avance hacia los estándares de igualdad, transparencia y calidad democrática.

Indicadores y herramientas de evaluación

El proceso de evaluación de la campaña "Igualdad en tu barrio" se apoya en un conjunto de indicadores específicos que permiten medir la eficacia comunicativa, la equidad de la representación y la percepción ciudadana. Estos indicadores combinan los enfoques cuantitativos y cualitativos, garantizando una visión completa del impacto logrado.

Mediante el empleo de distintas herramientas técnicas se facilita la recogida, el análisis y la validación de los datos, asegurando la fiabilidad del proceso y la utilidad de los resultados obtenidos.

Entre los indicadores recogidos habitualmente se encuentran los siguientes:

⊃ **Indicadores cuantitativos:** evalúan el alcance, la participación y la presencia equilibrada de mujeres y hombres en los distintos materiales y canales de difusión. Algunos ejemplos de indicadores son:

   ☺ % de materiales revisados con lenguaje inclusivo.
   ☺ % de mujeres y hombres representados en las imágenes de la campaña.
   ☺ N.º de publicaciones, carteles o mensajes difundidos por canal.
   ☺ N.º total de personas alcanzadas en redes sociales, prensa local y actos públicos.
   ☺ N.º de cuestionarios ciudadanos recibidos y validados.
   ☺ % de materiales adaptados a formatos accesibles (lectura fácil, subtítulos, audio).

⮑ **Indicadores cualitativos:** permiten analizar la percepción de la ciudadanía y la coherencia del mensaje con los valores institucionales. Algunos ejemplos de estos indicadores son:

- Nivel de comprensión y aceptación del mensaje principal.
- Valoración de la representatividad y la diversidad en los contenidos.
- Percepción de coherencia entre el discurso institucional y la práctica municipal.
- Opinión de las asociaciones vecinales y colectivos sobre la eficacia y la relevancia de la campaña.
- Identificación de las buenas prácticas comunicativas y las áreas de mejora.

⮑ **Herramientas de recogida de información:** el plan combina instrumentos accesibles y de bajo coste, adecuados a los recursos y plazos del proyecto. Las principales herramientas son:

- Cuestionarios digitales y presenciales: aplicados a una muestra de ciudadanos de los distintos barrios.
- Entrevistas semiestructuradas: realizadas a los representantes de los colectivos vecinales y las asociaciones locales.
- Rúbricas de análisis de materiales: tablas de verificación que valoran los criterios de igualdad, lenguaje y diversidad visual.
- Matriz de indicadores: documento técnico que registra los objetivos, las fuentes de verificación, los responsables y la frecuencia de seguimiento.
- Registro de la actividad en las redes sociales: análisis de las interacciones, el alcance y los comentarios.

⮑ **Herramientas de análisis:** una vez recopilados los datos, se utilizan los instrumentos que permiten la sistematización y la evaluación comparativa como:

- Hojas de cálculo o *software* de análisis estadístico *(Google Sheets, Excel)*.
- Plantillas de análisis cualitativo para categorizar las percepciones y los comentarios.
- Gráficos de avance para visualizar los resultados parciales y finales.
- Informes comparativos que contrastan los objetivos iniciales con los resultados obtenidos.

⊃ **Validación y comunicación de resultados:** los resultados deben revisarse conjuntamente por las áreas de comunicación e igualdad, asegurando la objetividad del análisis.

Posteriormente, se presentarán los hallazgos en un informe final participativo, compartido con los equipos técnicos y la ciudadanía a través de los canales municipales, fortaleciendo la transparencia institucional.

La integración de los indicadores anteriores y las herramientas analíticas convierten la evaluación en un proceso técnico, participativo y verificable, que, además de medir los resultados, impulsa la mejora continua y la consolidación de una comunicación pública basada en la igualdad.

Conclusiones y recomendaciones

La evaluación de la campaña "Igualdad en tu barrio" ha permitido comprobar la eficacia de una estrategia comunicativa municipal basada en la equidad, la participación ciudadana y la coherencia institucional. Los resultados obtenidos reflejan avances significativos en la incorporación de la perspectiva de género en la comunicación pública, aunque también evidencian áreas susceptibles de mejora.

Entre las conclusiones principales de esta campaña, destacan:

⊃ **Coherencia del mensaje:** los materiales analizados muestran un uso adecuado del lenguaje inclusivo y una representación equilibrada de las mujeres y los hombres, lo que contribuye a la normalización de la corresponsabilidad doméstica.
⊃ **Participación ciudadana:** la implicación de las asociaciones vecinales y los colectivos sociales ha enriquecido la campaña, favoreciendo su legitimidad y su capacidad de difusión.
⊃ **Accesibilidad y diversidad:** aunque la mayoría de los materiales cumplen con los criterios de accesibilidad, se detectan oportunidades de mejora en la adaptación a personas con discapacidad visual o auditiva.
⊃ **Gestión de recursos:** el uso de herramientas digitales gratuitas y de bajo coste ha permitido optimizar el presupuesto sin comprometer la calidad técnica ni la cobertura del mensaje.
⊃ **Impacto institucional:** la campaña ha reforzado la imagen del ayuntamiento como entidad comprometida con la igualdad y la comunicación responsable, generando un modelo replicable para las futuras iniciativas.

De este análisis, también se pueden obtener otras recomendaciones a tener en cuenta para las futuras campañas:

Ampliar la evaluación participativa
- Incluir a grupos focales con los representantes de los colectivos minoritarios (personas mayores, migrantes, jóvenes).

Reforzar la accesibilidad digital
- Adaptar todos los contenidos a lectura fácil, con subtítulos y formatos de audio.

Profundizar en la formación interna
- Capacitar al personal técnico en lenguaje inclusivo, comunicación visual y análisis de sesgos.

Mejorar la trazabilidad de los indicadores
- Definir un sistema digital unificado que permita hacer el seguimiento en tiempo real.

Consolidar buenas prácticas
- Crear un repositorio municipal con ejemplos de campañas inclusivas para consulta y réplica.

La experiencia del proyecto "Igualdad en tu barrio" demuestra que una comunicación pública planificada con perspectiva de género, además de promover los valores de equidad, también fortalece la confianza ciudadana y la calidad democrática. Integrar la evaluación como parte esencial del proceso garantiza que las futuras campañas sean más eficaces, inclusivas y sostenibles, consolidando la entidad pública como referente en las políticas de comunicación igualitaria.

 TAREA 4

Imagina que trabajas en el departamento de comunicación del Ayuntamiento de Villa Igualdad. Acabáis de lanzar una campaña institucional titulada "Tu voz también cuenta", cuyo objetivo es promover la participación ciudadana en la elaboración de los presupuestos municipales.

El equipo directivo te ha pedido que planifiques la estrategia de evaluación de la campaña, con el fin de comprobar su eficacia comunicativa y la inclusión de una perspectiva de género en los mensajes.

Continúa en página siguiente >>

<< Viene de página anterior

Elabora un miniplan de evaluación que incluya los siguientes elementos:

- Objetivo general y dos objetivos específicos de la evaluación.
- Actores implicados (internos y externos).
- Recursos disponibles (humanos, materiales y temporales).
- Indicadores básicos que permitan medir los resultados de la comunicación y la igualdad de género.
- Estrategia o técnica de evaluación que aplicarás (encuestas, revisión documental, focus group, etc.).
- Cronograma de ejecución (con fases, responsables y tiempos).

 ## ACTIVIDAD 4

En una institución pública, el equipo directivo se enfrenta al reto de diseñar una nueva estrategia de comunicación interna. En los anteriores proyectos, las decisiones se tomaban de manera unilateral, sin consultar al personal técnico ni recoger opiniones del resto de departamentos. Esto generaba desmotivación y una sensación de exclusión entre varios miembros del equipo.

Con el objetivo de mejorar, la dirección ha decidido aplicar un modelo de liderazgo inclusivo. Se promueven las reuniones abiertas, donde todas las voces son escuchadas, se establecen los indicadores de equidad en la comunicación y se fomenta la participación de mujeres y hombres en igualdad de condiciones. Además, se incorporan mecanismos de evaluación compartida para valorar el impacto real de las acciones y ajustar las estrategias según las aportaciones del grupo.

El resultado es un plan de comunicación más transparente, participativo y coherente con los valores institucionales, donde cada integrante del equipo se siente parte activa del proceso.

Teniendo en cuenta los principios de planificación comunicativa y liderazgo inclusivo, ¿qué aspecto caracteriza esta actuación como una práctica de calidad?

ACTIVIDAD COMPLEMENTARIA

2. Diseña un sistema básico de indicadores para evaluar la igualdad de género en una organización, que puede ser un centro educativo, una empresa o una institución pública. El objetivo es comprender cómo se construyen y aplican los indicadores en la práctica, combinando datos cuantitativos y cualitativos para obtener una visión completa del nivel de equidad. Para ello, debes formular cinco indicadores relacionados con los siguientes ámbitos:

- Representación y participación de mujeres y hombres
- Formación y desarrollo profesional
- Conciliación y corresponsabilidad
- Lenguaje e imagen institucional
- Clima laboral y percepción de igualdad

3. Aplicación de técnicas e instrumentos en contextos reales

 HILO CONDUCTOR

Una vez que han definido el plan, Estíbaliz y Alberto deben elegir las técnicas y los instrumentos más adecuados para recoger la información. Mientras Estíbaliz propone aplicar una observación estructurada durante el desarrollo de un acto público, Alberto sugiere usar distintas encuestas para conocer la percepción del público sobre la campaña.

Mientras han realizado el trabajo de campo han descubierto que cada técnica tiene ventajas y limitaciones, y que la combinación de los métodos cuantitativos y cualitativos les puede ofrecer una visión más completa. Ambos son conscientes de que la clave está en seleccionar las herramientas que respeten la diversidad y la inclusión, adaptándolas a los diferentes contextos comunicativos.

La aplicación de las técnicas e instrumentos de evaluación en los contextos reales es un aspecto clave para trasladar los métodos teóricos a situaciones concretas y garantizar unos resultados representativos, verificables y útiles.

En esta etapa se combinan las técnicas cuantitativas, como cuestionarios o matrices de indicadores, que proporcionan datos comparables, con las técnicas cualitativas, como las entrevistas y la observación, que ofrecen una comprensión más profunda de las percepciones y dinámicas del proceso.

La validez de la aplicación depende de la correcta selección y adaptación de los instrumentos, la capacitación del personal y el respeto a los principios éticos, como la confidencialidad y el consentimiento informado. Considerar el entorno, los recursos y las características del público asegura una implementación eficiente que refuerza la transparencia, la calidad y la sostenibilidad de los proyectos evaluados.

3.1. Importancia de aplicar técnicas e instrumentos de evaluación

Evaluar la comunicación con perspectiva de género exige utilizar las técnicas y herramientas que permitan observar, medir y analizar la equidad en los mensajes, en las representaciones visuales y en la transmisión de la información. No se trata solo de comprobar si existen sesgos, sino de identificar cómo y por qué se producen, y qué estrategias pueden corregirlos.

La aplicación de técnicas adecuadas garantiza que la evaluación sea objetiva, verificable y útil para la mejora continua. En los entornos institucionales o educativos, estas herramientas ayudan a transformar la comunicación en una práctica coherente con los valores de igualdad, respeto y diversidad.

Cada contexto requiere una metodología adaptada: no se evalúa igual una campaña publicitaria que un boletín interno o un informe técnico. Por eso, la selección y la aplicación de las técnicas debe responder al tipo de mensaje, al público destinatario y al objetivo de la evaluación.

Cada evaluación debe tener en cuenta el tipo de mensaje, el público destinatario y el objetivo pretendido con la campaña.

3.2. Principales técnicas de evaluación con perspectiva de género

La evaluación de la comunicación con perspectiva de género requiere un enfoque multidimensional que analice los mensajes y las percepciones del público. No se trata solo de medir apariciones, sino de examinar la representatividad, el lenguaje y la inclusión simbólica en los distintos canales. Una evaluación estructurada permite identificar los sesgos o las desigualdades invisibles en una revisión superficial. La elección de cada una de las técnicas debe responder a los objetivos del plan de evaluación, combinando los métodos que analicen los contenidos y los que valoren la percepción del público, logrando resultados más fiables que redunden en una toma de decisiones más precisa.

La participación de los emisores, receptores y equipos de análisis enriquece el proceso con la información cualitativa, que contextualiza los hallazgos y favorece una cultura organizacional sensible a la igualdad. Además, la evaluación debe regirse por los principios éticos de transparencia y rigor metodológico, asegurando la confidencialidad, la diversidad y la representación justa. Solo así los resultados serán válidos y útiles para aplicar las mejoras que impulsen una comunicación inclusiva y equitativa.

Las principales **técnicas de evaluación** son:

- ➲ **Revisión documental:** analiza los textos, materiales gráficos o audiovisuales producidos por la organización, permitiendo identificar los sesgos de género del lenguaje, las imágenes o los contenidos.
- ➲ **Análisis de contenido:** examina los mensajes de medios, redes sociales o documentos institucionales para medir la frecuencia, el tono y la representación de las mujeres y los hombres.
- ➲ **Observación estructurada:** se aplica durante las campañas, eventos o sesiones informativas para registrar las actitudes, la participación o la distribución de roles.
- ➲ **Entrevistas y grupos de discusión:** recogen las percepciones de las personas implicadas sobre la inclusión y la equidad en los mensajes.
- ➲ **Encuestas o cuestionarios:** permiten obtener información cuantitativa sobre la recepción del mensaje, comprensión del lenguaje inclusivo y la percepción de la igualdad.
- ➲ **Auditorías comunicativas:** evalúan de forma integral todos los canales y soportes de una organización para detectar las áreas de mejora, incoherencias o desigualdades en los procesos comunicativos.

3.3. Criterios para aplicar correctamente las técnicas de evaluación

La evaluación de la comunicación inclusiva exige un enfoque sistemático y riguroso que identifique las desigualdades, los sesgos o las exclusiones en los mensajes y materiales de una organización. Más allá de contar el número de apariciones, se trata de analizar la calidad, la representatividad y la percepción del contenido para garantizar el uso de mensajes equitativos y respetuosos. La elección de estas técnicas debe ajustarse a los objetivos: unas evalúan la percepción del público y otras analizan el lenguaje, las imágenes o las estructuras. Combinar distintos métodos ofrece una visión más completa y precisa de la inclusión comunicativa.

La participación de los emisores, receptores y equipos de comunicación aporta perspectivas valiosas que fortalecen la fiabilidad y el contexto de los resultados, fomentando la responsabilidad compartida y la sensibilización hacia la igualdad. La evaluación debe basarse en la ética, la transparencia y el rigor metodológico, asegurando unos procedimientos claros y confidenciales. Solo así los hallazgos serán válidos y las recomendaciones serán efectivas para mejorar la comunicación inclusiva.

Los criterios básicos que se deben tener en cuenta para aplicar correctamente las técnicas son:

- **Adecuación:** la técnica seleccionada debe ajustarse al objetivo y al tipo de comunicación. Por ejemplo, una encuesta es útil para medir la percepción, pero no sirve para analizar el uso del lenguaje o las imágenes.
- **Fiabilidad:** los resultados obtenidos deben ser consistentes y reproducibles si se repite el mismo proceso de evaluación.
- **Transparencia:** los procedimientos de recogida y análisis de datos deben documentarse claramente para permitir el seguimiento y la verificación.
- **Participación:** las personas implicadas deben conocer los objetivos de la evaluación para tener la oportunidad de aportar su punto de vista, garantizando una visión integral.
- **Ética:** las técnicas deben respetar la confidencialidad de la información, la diversidad del público y asegurar una representación justa de todas las personas involucradas.

 **EJEMPLO**

Una universidad desea evaluar si sus materiales de promoción (carteles, vídeos, folletos) reflejan equidad de género, para lo cual plantea el uso de las siguientes técnicas:

- **Revisión documental:** análisis de los textos para detectar el uso del lenguaje inclusivo.
- **Análisis de contenido:** cuenta del número de apariciones de mujeres y hombres en los vídeos institucionales.
- **Encuesta breve:** al alumnado, para conocer si la campaña se percibe como inclusiva.

RECUERDA

No existe una única técnica ideal. La clave está en combinar métodos cuantitativos y cualitativos que permitan captar tanto los datos medibles como las percepciones y valores simbólicos.

3.4. Instrumentos de apoyo a las técnicas de evaluación

La aplicación de las técnicas de evaluación con perspectiva de género requiere el empleo de las herramientas que permitan recopilar, registrar y analizar los datos de forma sistemática y coherente. Estos instrumentos organizan la información, reducen los errores y garantizan los resultados que reflejen la inclusión y la equidad. Además, estandarizan los criterios de valoración, asegurando las interpretaciones homogéneas y aumentando la fiabilidad y la validez de la evaluación.

También facilitan la comparación entre los materiales, campañas o canales, identificando los patrones, las fortalezas y las áreas de mejora para una toma de decisiones basada en las evidencias. Su diseño debe adaptarse al contexto, al tipo de público y a los objetivos de la evaluación, asegurando que la información obtenida sea relevante, clara y útil para lograr una práctica comunicativa inclusiva.

Entre los instrumentos más habituales se encuentran los siguientes:

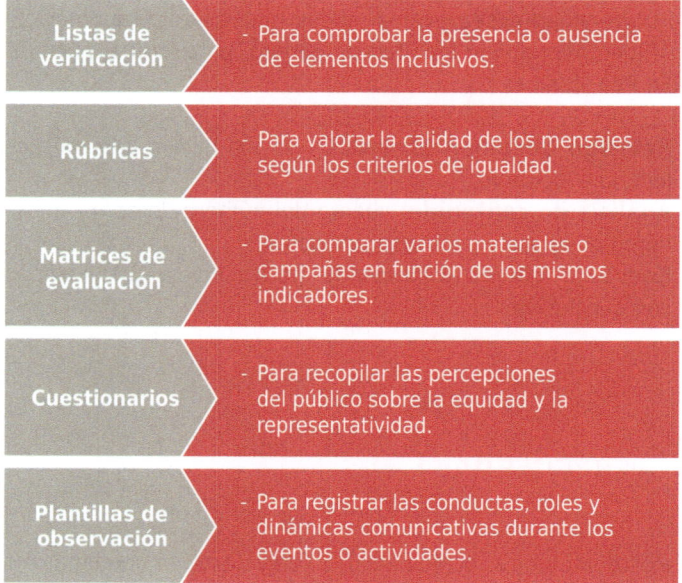

Listas de verificación	- Para comprobar la presencia o ausencia de elementos inclusivos.
Rúbricas	- Para valorar la calidad de los mensajes según los criterios de igualdad.
Matrices de evaluación	- Para comparar varios materiales o campañas en función de los mismos indicadores.
Cuestionarios	- Para recopilar las percepciones del público sobre la equidad y la representatividad.
Plantillas de observación	- Para registrar las conductas, roles y dinámicas comunicativas durante los eventos o actividades.

3.5. Técnicas mixtas: combinación de datos cualitativos y cuantitativos

Las técnicas mixtas son aquellas que integran los elementos de los enfoques cuantitativo (medición objetiva) y cualitativo (análisis interpretativo), con el propósito de obtener una comprensión más profunda de un fenómeno comunicativo.

En la evaluación con perspectiva de género, las técnicas mixtas permiten medir y comprender simultáneamente la equidad comunicativa. Por ejemplo, los datos cuantitativos pueden mostrar el porcentaje de mujeres representadas en una campaña, mientras que los datos cualitativos revelan cómo son representadas o el rol simbólico que desempeñan.

Este enfoque mixto aporta las siguientes ventajas:

➲ **Complementariedad:** los números aportan objetividad y las narraciones añaden contexto y profundidad.

- **Triangulación:** al cruzar los resultados de diferentes fuentes se mejora la validez de la evaluación.
- **Flexibilidad:** se adapta a los distintos tipos de campañas, públicos y formatos comunicativos.
- **Mayor impacto social:** los informes basados en las técnicas mixtas resultan más completos y convincentes.
- **Equilibrio metodológico:** permite detectar los logros visibles y las desigualdades implícitas en los mensajes.

IMPORTANTE

No todas las técnicas mixtas son adecuadas para todos los contextos. Es fundamental adaptar los métodos al tipo de mensaje, al público y a los recursos disponibles, evitando aplicar las herramientas complejas sin un propósito claro.

El uso de los modelos mixtos aporta solidez metodológica, ya que contrasta los datos numéricos con las evidencias narrativas, reduciendo los sesgos y enriqueciendo el proceso de análisis. La elección del modelo depende de los objetivos del estudio, del tipo de información que se desea obtener y de los recursos disponibles para la recolección de los datos.

Entre los modelos más comunes se encuentran los siguientes:

- **Modelo secuencial:** primero se recopilan los datos cuantitativos (por ejemplo, mediante encuestas), y luego se amplían con entrevistas o grupos focales que permitan profundizar en los resultados.
- **Modelo convergente:** los datos cuantitativos y cualitativos se recogen de forma simultánea y se contrastan en la fase de análisis para identificar las coincidencias o discrepancias.
- **Modelo explicativo:** los resultados numéricos se interpretan a través de testimonios, observaciones o narraciones que aportan contexto y significado.
- **Modelo exploratorio:** comienza con la aplicación de las técnicas cualitativas (entrevistas, observaciones, análisis de discurso) para identificar las variables relevantes que luego se miden mediante instrumentos cuantitativos.

Estos modelos permiten articular la precisión del dato con la profundidad del relato, ofreciendo una visión integral y realista de los procesos evaluados.

 **EJEMPLO**

El área de juventud de un ayuntamiento ha lanzado la campaña "Participa igual" y desea evaluar su impacto. Al aplicar las técnicas mixtas se apoya en:

Datos cuantitativos:

- Número de mujeres y hombres asistentes a los eventos.
- Porcentaje de publicaciones con lenguaje inclusivo.

Datos cualitativos:

- Entrevistas al público sobre la identificación con los mensajes.
- Análisis de contenido de los comentarios en redes sociales.

RECUERDA

Las cifras indican lo que ocurre, pero los testimonios explican por qué ocurre. La combinación de ambos enfoques permite una lectura integral de la comunicación inclusiva.

Herramientas recomendadas para la integración de datos

La integración de los datos en los procesos evaluativos requiere el uso de herramientas que permitan organizar, analizar y comparar la información proveniente de diferentes fuentes. El uso de soluciones digitales facilita la gestión simultánea de los datos cuantitativos y cualitativos, garantizando una mayor precisión, trazabilidad y eficiencia en el análisis.

Actualmente, existen múltiples plataformas que permiten combinar estadísticas, narrativas y representaciones visuales en un mismo entorno. La elección de la herramienta adecuada dependerá del tipo de técnica utilizada, del volumen de información y del nivel de profundidad que se desee alcanzar en la interpretación.

A continuación, se presentan algunas herramientas recomendadas según la naturaleza de la técnica aplicada y su utilidad práctica en procesos de evaluación con enfoque inclusivo y de calidad comunicativa:

Tipo de técnica	Herramienta	Utilidad práctica
Cuantitativa	*Google Forms/ SurveyMonkey*	Recoger datos estadísticos sobre lenguaje, participación o percepción del público.
Cualitativa	*NVivo/Atlas.ti*	Analizar discursos, entrevistas, textos e imágenes, identificando patrones y categorías.
Integrada	*Excel/Power BI*	Cruzar datos numéricos con observaciones cualitativas y generar gráficos comparativos.
Análisis narrativo	*Notion/ Google Docs*	Sistematizar interpretaciones, registrar citas textuales y elaborar informes colaborativos.

 IMPORTANTE

El uso combinado de estas herramientas ofrece una visión más completa y coherente de los resultados, permitiendo contrastar las evidencias desde los distintos enfoques metodológicos y facilitando la toma de decisiones basada en los datos.

3.6. La observación etnográfica en la evaluación comunicativa

La observación etnográfica es una técnica cualitativa que permite registrar de manera sistemática los comportamientos, interacciones y actitudes que se producen en los entornos en los que se emplea la comunicación. A diferencia de otras metodologías centradas en el análisis del mensaje, esta técnica se enfoca en el contexto y en las prácticas reales de los públicos, proporcionando información directa sobre cómo los contenidos comunicativos se viven, se interpretan y se reproducen en la vida cotidiana.

Su aplicación en los procesos evaluativos ofrece una visión profunda y contextualizada del impacto de las estrategias comunicativas, al observar cómo se expresan la participación, la apropiación de los mensajes y las dinámicas sociales que emergen alrededor de ellos. Esto resulta especialmente útil cuando se busca analizar la coherencia entre el discurso institucional y la experiencia ciudadana.

En la comunicación con perspectiva de género, la observación etnográfica resulta fundamental para detectar otros elementos que no siempre se reflejan en los datos cuantitativos, como:

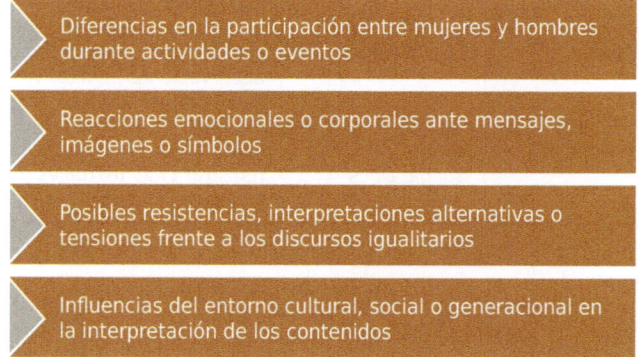

Diferencias en la participación entre mujeres y hombres durante actividades o eventos

Reacciones emocionales o corporales ante mensajes, imágenes o símbolos

Posibles resistencias, interpretaciones alternativas o tensiones frente a los discursos igualitarios

Influencias del entorno cultural, social o generacional en la interpretación de los contenidos

Si esta técnica se aplica de manera rigurosa y ética, contribuye a comprender la comunicación como un proceso vivo, donde los mensajes no solo se transmiten, sino que también se negocian, reinterpretan y resignifican en función de las experiencias y realidades de cada grupo social.

 **EJEMPLO**

Observar cómo reacciona el público a una campaña de igualdad durante un acto público puede revelar sesgos invisibles, como la falta de identificación de ciertos grupos o la exclusión simbólica en los discursos.

- -

Pasos básicos para aplicar la observación etnográfica

La aplicación de la observación etnográfica requiere una planificación cuidadosa y una actitud analítica por parte del observador o del equipo evaluador. Su valor reside en la capacidad de captar no solo lo que se dice, sino también cómo se actúa, se reacciona y se relacionan las personas en los contextos donde tiene lugar la comunicación. Este proceso permite identificar desigualdades, dinámicas de poder y patrones culturales que influyen en la recepción e interpretación de los mensajes.

Para garantizar la validez de los resultados, la observación debe estructurarse a través de una secuencia de pasos claramente definidos:

- ⮩ **Definir el objetivo de observación:** precisar qué se desea analizar (por ejemplo, participación, lenguaje corporal, actitudes, roles de género o distribución del tiempo de palabra).
- ⮩ **Seleccionar el contexto:** identificar los espacios donde la comunicación se pone en práctica, como los actos públicos, las aulas, las reuniones, las campañas o los entornos digitales.
- ⮩ **Diseñar una guía de observación:** elaborar un instrumento que recoja los elementos clave a observar: interacción entre los participantes, las jerarquías, el tono comunicativo o el tipo de respuesta.
- ⮩ **Registrar los datos:** utilizar las fichas, grabaciones o notas de campo con lenguaje descriptivo y objetivo, evitando interpretaciones subjetivas durante la recogida de la información.
- ⮩ **Analizar e interpretar:** examinar los registros en busca de patrones, diferencias o comportamientos recurrentes que reflejen las desigualdades, resistencias o buenas prácticas comunicativas.

Una observación etnográfica bien estructurada permite obtener evidencias directas sobre la manera en la que se reciben y se valoran los mensajes por los distintos grupos sociales, aportando información valiosa para la mejora continua de las estrategias comunicativas con perspectiva de género.

El análisis discursivo: comprender el lenguaje y el poder

El análisis discursivo es una herramienta metodológica que examina la manera en la que el lenguaje, tanto verbal como visual, construye significados sociales y configura las relaciones de poder. Desde esta perspectiva, la comunicación se entiende como un espacio donde se expresan y se negocian las identidades, jerarquías y valores culturales.

En la comunicación con perspectiva de género, esta técnica permite detectar los estereotipos, los roles tradicionales o las exclusiones simbólicas en los mensajes institucionales y mediáticos, así como reconocer las prácticas que promuevan la igualdad y la inclusión. Su objetivo es analizar el contenido literal y los significados implícitos e ideologías que se transmiten a través del lenguaje, las imágenes y el tono del mensaje.

Los aspectos clave que se deben analizar son:

Elección de palabras y metáforas

Qué conceptos se utilizan para describir a las mujeres, hombres u otros grupos, y qué valores se asocian a cada uno.

Tono del mensaje

Evalúa si la comunicación resulta inclusiva, paternalista, neutral o estereotipada.

Representaciones visuales

Análisis de las posturas, colores, vestimentas, jerarquías o distribución de roles en las imágenes y materiales gráficos.

Silencios o ausencias significativas

Identificar quién no aparece, qué temas se omiten o qué perspectivas quedan invisibilizadas.

El análisis discursivo permite visibilizar los mecanismos simbólicos que refuerzan o desafían las desigualdades, y constituye una herramienta esencial para construir los mensajes más equitativos, representativos y coherentes con los principios de la comunicación inclusiva.

Herramientas y recursos para ambas técnicas

Las herramientas y los recursos aplicados a la observación etnográfica y al análisis discursivo permiten sistematizar la información y detectar los patrones relacionados con la igualdad de género. Su uso facilita la identificación de los sesgos, la comprensión de los contextos comunicativos y la elaboración de diagnósticos precisos.

Actualmente, estas técnicas son ampliamente utilizadas en los estudios de comunicación institucional y social. Combinarlas permite observar los comportamientos reales y analizar los significados implícitos en los discursos, garantizando una evaluación integral.

Entre las herramientas más usadas están:

> **Observación etnográfica/Guía de observación estructurada**
> - Registro de roles y participación en actos o campañas.

> **Observación etnográfica/Grabaciones o fotografías (con permiso)**
> - Análisis de la distribución de espacios y expresiones corporales.

> **Análisis discursivo/*NVivo* o *Atlas.ti***
> - Codificación de textos o discursos para detectar sesgos de género.

> **Análisis discursivo/Plantilla de revisión de lenguaje inclusivo**
> - Evaluación de términos, tono y representaciones simbólicas.

 **EJEMPLO**

Una campaña local busca fomentar la participación política de las mujeres. Gracias al empleo de estas técnicas se ha realizado una evaluación integral de la campaña.

Continúa en página siguiente >>

<< Viene de página anterior

Observación etnográfica: durante una asamblea, el equipo registra quiénes toman la palabra, el tiempo de intervención y el tipo de aportaciones.

Análisis discursivo: se revisan los comunicados oficiales y las publicaciones en las redes, observando el uso del lenguaje y las imágenes.

Los resultados obtenidos han arrojado los siguientes resultados:

- Se ha detectado que el 70 % de las intervenciones orales son masculinas.
- El lenguaje institucional usa el masculino genérico ("los ciudadanos", "los representantes").
- En las redes, las imágenes muestran mayoritariamente a los hombres en posiciones de liderazgo.

Conclusión:

La campaña no refleja aún un modelo inclusivo. Se recomiendan distintos ajustes en la comunicación interna y en la selección de los portavoces.

 **RECUERDA**

La observación etnográfica permite ver lo que los documentos no muestran, mientras que el análisis discursivo revela los significados ocultos en el lenguaje. Juntas, ambas técnicas ofrecen una visión integral del proceso comunicativo.

3.7. Triangulación de técnicas: garantizar la fiabilidad del proceso evaluativo

La triangulación de técnicas surge como un método para aumentar la fiabilidad y la validez de los procesos evaluativos. Su origen está en la investigación social y comunicativa, donde combinar distintas fuentes y metodologías permite obtener una visión más completa y objetiva de los fenómenos analizados.

En la actualidad, aplicar la triangulación es esencial en la evaluación con perspectiva de género, ya que permite contrastar los resultados, reducir los sesgos y reforzar la credibilidad del análisis. Al integrar diversas herramientas, se mejora la interpretación de los datos y se garantizan unas conclusiones más sólidas.

En el contexto de la comunicación con perspectiva de género, la triangulación permite:

- Combinar técnicas cualitativas y cuantitativas para enriquecer los resultados.
- Contrastar información obtenida por diferentes instrumentos o fuentes.
- Involucrar a distintos perfiles profesionales en la interpretación de los datos.
- Revisar la coherencia entre los hallazgos de campo y los análisis discursivos.
- Documentar el proceso de triangulación para asegurar transparencia y trazabilidad.

Aplicar la triangulación permite contrastar los resultados, reducir los sesgos y reforzar la credibilidad del análisis, garantizando unas conclusiones más sólidas.

Tipos de triangulación

Los tipos de triangulación se originan en las ciencias sociales como un método para validar resultados y aumentar la fiabilidad de los estudios. Este enfoque propone contrastar la información desde diferentes perspectivas, reduciendo los sesgos y mejorando la interpretación de los datos.

Actualmente, su aplicación es esencial en la evaluación con perspectiva de género, ya que permite analizar los fenómenos comunicativos de forma más completa. Al integrar distintas fuentes, métodos, personas y marcos teóricos, se obtiene una visión más equilibrada y objetiva del contexto evaluado.

Entre los distintos tipos de triangulación que se pueden utilizar se encuentran:

- **Triangulación de fuentes:** se comparan los datos procedentes de diferentes actores o grupos (por ejemplo, ciudadanía, personal técnico y responsables institucionales). Se pueden usar los formularios de *Google* o las encuestas presenciales para recoger las opiniones de distintos públicos y actores involucrados.
- **Triangulación de métodos:** se utilizan diversas técnicas (encuestas, análisis de contenido, observación) para analizar el mismo fenómeno. Se puede apoyar en aplicaciones como *Excel* o *Power BI,* que ayudan a cruzar y analizar los datos cualitativos y cuantitativos para obtener conclusiones integradas.
- **Triangulación de investigadores:** participan varias personas en la recolección y el análisis de los datos, lo que reduce la subjetividad y aporta distintos puntos de vista. Gracias a aplicaciones como *Trello* o *Notion* es posible coordinar los equipos de trabajo y revisar los resultados de manera colaborativa y transparente.
- **Triangulación teórica:** se interpretan los resultados desde los diferentes marcos conceptuales (comunicación, igualdad, sociología, educación, etc.). Usando carpetas compartidas como *Google Drive* o los documentos colaborativos es posible unificar las interpretaciones y las distintas disciplinas desde varios marcos conceptuales.

Cómo aplicar la triangulación paso a paso

La aplicación práctica de la triangulación permite garantizar que los procesos de evaluación sean más rigurosos y representativos. Este enfoque metodológico busca obtener una visión integral gracias a la combinación de distintos métodos y perspectivas en el análisis de la comunicación con enfoque de género.

Es fundamental seguir un proceso estructurado al aplicar la triangulación para tratar de asegurar la coherencia entre los datos, las conclusiones y las decisiones posteriores. Este procedimiento contribuye a mejorar la fiabilidad de los resultados y a fortalecer la transparencia en la interpretación.

Los pasos que se deben seguir para aplicar la triangulación de forma correcta son:

- **Definir el objeto de estudio:** qué aspecto de la comunicación se desea contrastar (por ejemplo, la representación visual o la percepción de equidad).
- **Seleccionar las técnicas complementarias:** combinar al menos dos métodos diferentes que aporten perspectivas diversas.
- **Recolectar los datos:** aplicar cada técnica en paralelo o de manera secuencial.
- **Contrastar los resultados:** buscar las coincidencias, divergencias o los vacíos de información.
- **Interpretar los hallazgos:** explicar las posibles causas de las diferencias y generar conclusiones equilibradas.

 **EJEMPLO**

Una diputación provincial evalúa su campaña "Mujeres que inspiran", destinada a visibilizar el liderazgo femenino en el ámbito rural. Para ello, utiliza las siguientes técnicas:

- **Análisis de contenido:** mide la presencia femenina en los carteles y vídeos.
- **Encuestas al público:** recogen percepciones sobre la identificación con los mensajes.
- **Observación etnográfica:** analiza la participación en los eventos de presentación.

Los resultados obtenidos son:

- El análisis de contenido muestra equilibrio (50 % mujeres - 50 % hombres).
- Las encuestas revelan una valoración positiva del mensaje inclusivo.
- La observación evidencia que las portavocías masculinas dominan los actos públicos.
- La interpretación triangulada descubre que, aunque el material gráfico es equilibrado, la práctica comunicativa no lo es. La triangulación permite detectar esta incoherencia entre la intención y la ejecución, ofreciendo una visión más real y útil para la mejora institucional.

IMPORTANTE

Triangular no significa repetir trabajo, sino combinar perspectivas complementarias. Cada técnica debe aportar un valor añadido al análisis, evitando redundancias innecesarias o interpretaciones forzadas.

ACTIVIDAD 5

Una organización pública prepara una campaña informativa sobre un nuevo plan de formación profesional. El objetivo es atraer a los jóvenes de distintos ámbitos, pero el equipo de comunicación detecta que el borrador inicial del material no transmite una imagen equilibrada. En el texto, se utilizan expresiones como "los futuros profesionales del mañana" y metáforas centradas en la competencia y la fuerza. Además, las imágenes seleccionadas muestran a hombres en entornos tecnológicos y a mujeres en labores asistenciales.

Antes del lanzamiento, el equipo revisa todos los elementos del mensaje. Se sustituyen las expresiones por un lenguaje más inclusivo, se equilibran las imágenes para mostrar la diversidad de género y se ajusta el tono hacia uno más motivador y colaborativo. También se incluyen testimonios femeninos en sectores técnicos, eliminando así los silencios significativos que perpetuaban la desigualdad.

Teniendo en cuenta los criterios de análisis discursivo con perspectiva de género, ¿qué aspecto resultó más determinante para lograr una comunicación equitativa y de calidad?

TAREA 5

Formas parte del equipo de evaluación de campañas institucionales de un organismo público. Se te ha encargado diseñar una propuesta de triangulación para evaluar la campaña "Juventud y participación social", cuyo objetivo es aumentar la implicación de la población joven en las iniciativas comunitarias.

Continúa en página siguiente >>

<< *Viene de página anterior*

La dirección del proyecto quiere asegurarse de que la comunicación ha sido igualitaria, inclusiva y libre de estereotipos de género, por lo que te pide que realices un diseño de evaluación que combine diferentes técnicas y enfoques.

Elabora una propuesta breve de triangulación, que incluya:

- Dos técnicas diferentes que permitan obtener datos complementarios.
- Un tipo de triangulación (fuentes, métodos, investigadores o teórica) y su justificación.
- Un ejemplo práctico de cómo los resultados de ambas técnicas podrían cruzarse para mejorar la interpretación final y las decisiones de comunicación.

4. Construcción y validación de indicadores de género

☞ HILO CONDUCTOR

Tras analizar los primeros datos, Alberto echa en falta una manera sistemática de medir los avances. Estíbaliz le propone construir una serie de indicadores de género que reflejen la representación, el lenguaje y la participación en las campañas.

Ambos han decidido diseñar los indicadores de proceso, de resultado y de impacto, probándolos en distintos proyectos piloto. Después de validarlos, han comprobado que estos indicadores les permiten traducir la equidad en cifras concretas, facilitando la comparación de los resultados y la elaboración de informes claros y objetivos.

Los indicadores son herramientas de medición que convierten los principios de igualdad en datos concretos y verificables, ofreciendo unas evidencias objetivas sobre cómo los mensajes y los procesos comunicativos incorporan la perspectiva de género. Permiten identificar los avances, detectar los sesgos y establecer las metas de mejora continua, además de facilitar la comparación entre los materiales, las campañas o las áreas organizativas, garantizando la coherencia y el respaldo técnico en la toma de decisiones.

Un buen indicador traduce los conceptos abstractos, como la equidad o la inclusión, en variables observables, por ejemplo la proporción de mujeres y hombres en los materiales gráficos o el uso del lenguaje inclusivo. Su correcta selección debe basarse en la relevancia para los objetivos, la disponibilidad de los datos y la claridad interpretativa, permitiendo el diagnóstico de las desigualdades y el ajuste de las estrategias para fortalecer la equidad en la comunicación.

4.1. Tipología de indicadores aplicados a la comunicación inclusiva

La evaluación de la comunicación inclusiva requiere el establecimiento de indicadores que permitan medir con precisión los distintos aspectos del proceso y sus efectos. Estos indicadores proporcionan información cuantitativa y cualitativa sobre la implementación de las políticas de igualdad y la eficacia de los mensajes, facilitando la identificación de las áreas de mejora y la toma de decisiones fundamentadas.

Los indicadores, además de reflejar lo que se hace, también recogen cómo se percibe y qué resultados genera. Una correcta selección y aplicación de los mismos asegura que la evaluación sea objetiva, consistente y comparable a lo largo del tiempo y entre las diferentes campañas o materiales comunicativos.

Existen tres grandes tipos de indicadores utilizados en la comunicación inclusiva:

- ⮫ **De proceso:** miden y evalúan las acciones realizadas para garantizar la igualdad. Por ejemplo, número de revisiones de lenguaje inclusivo efectuadas antes de publicar un comunicado.
- ⮫ **De resultado:** miden y evalúan los efectos inmediatos de la comunicación. Por ejemplo: porcentaje de materiales que utilizan imágenes paritarias.
- ⮫ **De impacto:** analizan los cambios sociales o institucionales a medio y largo plazo. Cada tipo aporta una información complementaria que permite un diagnóstico integral. Por ejemplo, incremento del nivel de confianza de la ciudadanía en la institución por la coherencia de sus mensajes inclusivos.

La tipología de los indicadores permite planificar la evaluación, interpretar los datos y comunicar los resultados con una mayor precisión. Al combinar los indicadores de proceso, de resultado e impacto, las organizaciones pueden identificar las desigualdades, comprobar la eficacia de sus estrategias y ajustar sus políticas de comunicación hacia la equidad. Esta clasificación, basada en el nivel de cambio que miden, facilita el análisis desde las acciones inmediatas hasta los efectos estructurales de una política o estrategia comunicativa.

En la comunicación con enfoque de género, esta combinación de indicadores proporciona una evaluación integral que permite entender las acciones realizadas, sus efectos y la transformación social generada por los mensajes. De este modo, se garantiza una mejora continua y una gestión comunicativa más equitativa y sostenible.

 RECUERDA

Los indicadores deben incorporar una variable de género explícita. Esto implica poder comparar la situación entre mujeres, hombres y otros grupos sociales relevantes, evitando resultados neutros que puedan ocultar desigualdades o sesgos en la comunicación.

El diseño de los indicadores bajo estos criterios asegura que la evaluación sea objetiva, replicable y útil para mejorar la inclusión. Permite a las organizaciones medir la representación de género y evaluar la efectividad de sus acciones comunicativas en términos de equidad y visibilidad de todos los colectivos.

 EJEMPLO

Una entidad local desarrolla una campaña sobre participación ciudadana y desea evaluar su equidad comunicativa.

Continúa en página siguiente >>

<< *Viene de página anterior*

Tipo de indicador	Ejemplo	Fuente de información	Periodicidad
Proceso	N.º de reuniones de coordinación con presencia equilibrada de mujeres y hombres	Actas de reuniones	Mensual
Resultado	% de mujeres y hombres visibles en materiales promocionales	Carteles, folletos, redes sociales	Tras cada campaña
Impacto	Nivel de satisfacción del público con el enfoque inclusivo de la comunicación	Encuestas al público	Semestral

 SABÍAS QUE...

La UNESCO recomienda que todos los proyectos de comunicación institucional incluyan al menos tres indicadores de género: uno de participación, uno de representación y uno de impacto social.

4.2. Validación de los indicadores

La validación de los indicadores es esencial para garantizar que realmente midan lo que se pretende evaluar y que sus resultados sean consistentes y fiables. Este proceso asegura que los indicadores sean claros, pertinentes y aplicables, evitando las conclusiones erróneas y optimizando los instrumentos de evaluación para reflejar con precisión la equidad de género en la comunicación.

Durante la validación, se recomienda realizar pruebas piloto con muestras reducidas para detectar las ambigüedades o las dificultades de interpretación, ajustando los instrumentos según los resultados. Una vez validados, los indicadores se deben incorporar en las listas de verificación, matrices o rúbricas oficiales, garantizando su aplicación sistemática y uniforme en toda la organización.

Las fases del proceso de validación de los sindicadores son:

- **Revisión técnica:** analizar la pertinencia, la claridad y la adecuación del indicador.
- **Prueba piloto:** aplicar el indicador a una muestra reducida para identificar problemas o dificultades.
- **Ajuste y reformulación:** corregir las ambigüedades, duplicidades o las imprecisiones detectadas.
- **Aprobación institucional:** incorporar los indicadores validados en los instrumentos oficiales de evaluación.

4.3. Indicadores transversales en las políticas de comunicación pública

Los indicadores transversales son herramientas diseñadas para evaluar la igualdad de género en todas las áreas de la comunicación institucional. Su valor radica en su capacidad de ofrecer una visión global y continua del progreso hacia la equidad, más allá de proyectos o campañas específicas.

En la actualidad, estos indicadores son esenciales para garantizar la coherencia organizacional, el seguimiento sistemático y la mejora continua. Al ser aplicables en múltiples contextos, facilitan la comparación de los resultados, fortalecen la rendición de cuentas y consolidan una cultura institucional basada en la igualdad.

Las características de los indicadores transversales son:

- **Universalidad:** se aplican a todas las áreas de comunicación institucional.
- **Permanencia:** se mantienen en el tiempo y se actualizan periódicamente.
- **Comparabilidad:** permiten contrastar los resultados entre los departamentos, las campañas o los años.
- **Medibilidad:** deben basarse en datos verificables (numéricos o descriptivos).
- **Orientación a la mejora:** no solo describen la realidad, sino que inspiran acciones de cambio.

◈ EJEMPLO

A continuación, se muestra una tabla en la que se recogen distintos tipos de indicadores transversales en una comunicación pública.

Dimensión	Indicador transversal	Fuente/Método de recogida	Periodicidad
Lenguaje	Porcentaje de documentos y campañas institucionales que emplean lenguaje inclusivo	Revisión documental anual	Anual
Representación	Equilibrio de género en imágenes y materiales audiovisuales de difusión pública	Análisis de contenido visual	Semestral
Participación	Proporción de mujeres y hombres como portavoces o fuentes informativas	Registro de notas de prensa y actos públicos	Trimestral
Percepción	Nivel de satisfacción de la ciudadanía respecto a la equidad comunicativa institucional	Encuestas ciudadanas	Anual
Gestión interna	Existencia de formación anual en comunicación inclusiva para el personal	Registro de formación y asistencia	Anual

Ventajas de aplicar indicadores transversales

La aplicación de los indicadores transversales aporta una base sólida para integrar la perspectiva de género en la gestión comunicativa de forma estructural y sostenible. Estos indicadores no se limitan a medir los resultados puntuales, sino que consolidan un sistema permanente de seguimiento y mejora en toda la organización.

Actualmente, su uso favorece la coherencia institucional, la transparencia y la rendición de cuentas. Además, contribuye a optimizar los recursos y a fortalecer la confianza ciudadana al evidenciar el compromiso real de las entidades con la igualdad.

Entre sus ventajas, destacan:

- **Garantizan coherencia institucional:** la igualdad deja de ser un tema aislado y pasa a formar parte de la cultura organizativa.
- **Facilitan la evaluación continua:** permiten detectar los avances o retrocesos sin necesidad de iniciar nuevos procesos cada vez.
- **Mejoran la transparencia:** los datos públicos fortalecen la confianza ciudadana.
- **Promueven la rendición de cuentas:** cada departamento es responsable de sus resultados en materia de igualdad comunicativa.
- **Favorecen la sostenibilidad:** reducen los costes y el esfuerzo al reutilizar las herramientas y los formatos.

Cómo diseñar un sistema de indicadores transversales

El diseño de un sistema de indicadores transversales es fundamental para consolidar la igualdad de género como principio estructural de la comunicación institucional. A diferencia de los indicadores específicos, estos permiten un seguimiento continuo del desempeño de todas las áreas, garantizando la coherencia, la sostenibilidad y la mejora constante. Su desarrollo exige una planificación que combine el rigor metodológico con la capacidad operativa, definiendo unos objetivos claros, unos indicadores relevantes y los mecanismos de recopilación y análisis realistas y verificables.

Integrar estos indicadores en los procesos habituales, como auditorías o planes estratégicos, asegura que la igualdad forma parte del funcionamiento institucional y no es un elemento accesorio. La revisión periódica del sistema mantiene su vigencia ante los cambios sociales y tecnológicos, convirtiéndolo en una herramienta dinámica que refuerza una cultura organizacional basada en la equidad, la transparencia y la responsabilidad compartida.

El proceso para diseñar un sistema de indicadores transversales debe pasar por las siguientes etapas:

- **Definir áreas prioritarias:** identificar los ámbitos clave de la comunicación institucional, como el lenguaje, las imágenes, la participación y la accesibilidad.
- **Seleccionar indicadores medibles:** optar por datos disponibles o de fácil obtención que permitan una evaluación realista.
- **Asignar responsabilidades:** determinar quién recoge, analiza y valida la información dentro de la estructura organizativa.

◯ **Integrar los indicadores en los informes institucionales:** incorporarlos en las memorias anuales, las auditorías de calidad o los reportes de gestión.

◯ **Revisar y actualizar periódicamente:** garantizar su vigencia, precisión y adaptación a los nuevos contextos sociales o normativos.

IMPORTANTE

Los indicadores transversales deben complementarse con indicadores específicos de proyectos concretos. Ambos niveles son necesarios: los primeros ofrecen una visión global y los segundos permiten evaluar acciones puntuales.

RECUERDA

Los indicadores transversales deben ser realistas, medibles y sostenibles. No se trata de acumular datos, sino de generar información útil que permita tomar decisiones y mejorar continuamente la comunicación institucional.

4.4. Modelos internacionales de indicadores de igualdad (EIGE, ONU Mujeres, UNESCO)

Los modelos internacionales de los indicadores de igualdad ofrecen marcos de referencia sólidos y comparables para medir los avances en materia de género de forma estandarizada. Desarrollados por organismos multilaterales, proporcionan las guías metodológicas que ayudan a los gobiernos e instituciones a incorporar la perspectiva de género en sus políticas y estrategias de comunicación. Su objetivo es cuantificar las desigualdades y ofrecer las herramientas prácticas necesarias para orientar la planificación y la evaluación de resultados.

Estos modelos, de enfoque integral, abarcan dimensiones políticas, sociales, económicas y culturales, y destacan por su énfasis en la representación equitativa, la participación equilibrada y la eliminación de los estereotipos comunicativos. Adoptarlos fortalece la coherencia institucional, facilita la comparación entre las regiones e impulsa la transparencia y la sostenibilidad de las políticas públicas orientadas a la igualdad real entre las mujeres y los hombres.

Estos modelos de indicadores tienen tres funciones esenciales:

Proporcionar coherencia global
- Permiten comparar los resultados entre los países y las regiones.

Aportar legitimidad técnica
- Se basan en los marcos normativos reconocidos y las metodologías validadas.

Guiar la adaptación local
- Ofrecen plantillas y ejemplos que pueden ajustarse a las necesidades de cada institución.

IMPORTANTE

Estos modelos no son recetas cerradas, sino marcos flexibles que facilitan el diseño de sistemas propios, alineados con las políticas nacionales y los objetivos de desarrollo sostenible (ODS).

Modelo del EIGE (European Institute for Gender Equality)

El modelo del Instituto Europeo de la Igualdad de Género (EIGE) es uno de los referentes más destacados en la medición de la igualdad en Europa. Creado en 2010 por la Unión Europea, su misión es proporcionar datos, herramientas y metodologías que permitan integrar la perspectiva de género en todas las políticas públicas. Basado en un enfoque estructurado y cuantificable, el EIGE desarrolló el Índice de Igualdad de Género, que evalúa los progresos en seis áreas clave: trabajo, dinero, conocimiento, tiempo, poder y salud, junto con dimensiones sobre violencia de género y desigualdades interseccionales.

En el ámbito de la comunicación institucional, este modelo ofrece indicadores para analizar la visibilidad, la representación y la participación equilibrada de las mujeres y los hombres, asegurando la coherencia con los objetivos europeos de igualdad. Su metodología combina las fuentes estadísticas y cualitativas para ofrecer una visión integral y comparativa, fortaleciendo la transparencia y el seguimiento de los avances entre los países, las regiones y sectores.

Los principales componentes y áreas de aplicación del modelo son:

- **Enfoque general:** evaluación integral de la igualdad de género mediante los indicadores armonizados en los Estados miembros de la Unión Europea.
- **Marco principal:** el Índice de Igualdad de Género (Gender Equality Index) mide la distancia de cada país respecto a la igualdad plena (sobre 100). Dimensiones del índice

  - **Trabajo:** participación y condiciones laborales de mujeres y hombres.
  - **Dinero:** igualdad salarial y económica.
  - **Conocimiento:** acceso a la educación y a la formación profesional.
  - **Tiempo:** distribución equilibrada del trabajo remunerado y no remunerado.
  - **Poder:** representación en la toma de decisiones políticas, económicas y sociales.
  - **Salud:** bienestar físico, mental y acceso a servicios sanitarios.

- **Aplicación en comunicación institucional:**

  - Evaluar la representación equilibrada de género en los contenidos mediáticos y materiales institucionales.
  - Analizar el reparto del tiempo y la visibilidad en las portavocías y campañas.
  - Medir la presencia de mujeres en los cargos de decisión comunicativa.
  - Integrar los datos del índice en los informes anuales de igualdad institucional.

 **EJEMPLO**

Algunos ejemplos de indicadores del EIGE adaptables al ámbito comunicativo son los siguientes:

Continúa en página siguiente >>

<< Viene de página anterior

Dimensión	Indicador	Método de medición
Representación	% de mujeres y hombres en roles visibles en medios institucionales	Análisis de contenido audiovisual
Lenguaje	Uso de expresiones neutras o inclusivas en documentos públicos	Revisión documental
Liderazgo	% de mujeres en cargos de dirección de comunicación	Registro interno de personal

Modelo de ONU Mujeres

El modelo de indicadores de ONU Mujeres es una de las principales referencias internacionales para evaluar las políticas de igualdad de género. Surge en el marco de la Agenda 2030 y está alineado con el ODS 5, dedicado a la igualdad entre los géneros y al empoderamiento de las mujeres y las niñas. Este modelo adopta una visión integral del desarrollo, entendiendo la igualdad como eje transversal que debe estar presente en todas las dimensiones institucionales y sociales. Sus indicadores miden los avances en derechos y oportunidades y los cambios culturales y estructurales necesarios para una equidad real y sostenible.

El ámbito comunicativo ofrece un marco para evaluar la representación mediática, el acceso equitativo a la información y la participación equilibrada en los espacios públicos. Su aplicación permite analizar el impacto de los mensajes en la promoción o limitación de los derechos de las mujeres. Adaptar este modelo a los contextos institucionales o locales fortalece la rendición de cuentas, la coherencia con los estándares internacionales y fomenta una cultura organizacional basada en la transparencia, la inclusión y la responsabilidad compartida.

Los principales componentes y áreas de aplicación del modelo son:

- **Enfoque general:** se fundamenta en la transversalización de la igualdad de género en todas las políticas, programas y acciones públicas.
- **Marco de referencia:** orientado por los objetivos de desarrollo sostenible (ODS), en particular el ODS 5: lograr la igualdad entre los géneros y empoderar a todas las mujeres y niñas.

◒ Tipos de indicadores utilizados:

◖ **Estructurales:** miden la existencia de leyes, políticas y mecanismos institucionales que promueven la igualdad.
◖ **De proceso:** analizan la implementación efectiva de las medidas adoptadas.
◖ **De resultado:** evalúan los efectos directos de las políticas y programas.
◖ **De impacto:** valoran los cambios a largo plazo en términos de empoderamiento y equidad.

◒ Aplicación en comunicación institucional:

◖ Medición del uso de lenguaje inclusivo y no sexista.
◖ Análisis de la representación equilibrada de las mujeres y hombres en los mensajes.
◖ Evaluación de la participación de las mujeres en los roles de liderazgo y visibilidad mediática.
◖ Seguimiento del impacto social de las campañas de sensibilización.

 **EJEMPLO**

Eje	Indicador	Instrumento
Contenido	Porcentaje de noticias o mensajes que incluyen voces femeninas	Análisis de contenido
Estructura	% de mujeres en puestos directivos de comunicación	Registro institucional
Impacto	Nivel de percepción ciudadana sobre la igualdad en medios públicos	Encuestas

Modelo de la UNESCO

El modelo de indicadores de la UNESCO promueve la igualdad de género como principio transversal en la educación, la comunicación, la cultura y la investigación científica. Su objetivo es garantizar la igualdad de oportunidades para que las mujeres y los hombres accedan, produzcan y difundan el conocimiento, además de participar plenamente en los medios y espacios culturales. A través de su Estrategia de Igualdad de Género, impulsa los indicadores que miden la representación equilibrada en los medios y la participación femenina en la creación cultural y la gestión del conocimiento, reconociendo la influencia del discurso mediático en la construcción de los valores sociales.

Este modelo destaca por su enfoque educativo y transformador, combinando la medición cuantitativa con una reflexión ética sobre el contenido y los procesos comunicativos. Más que contabilizar la cantidad de presencias, evalúa la calidad y la equidad del mensaje, valorando si la comunicación institucional contribuye a lograr sociedades más inclusivas y democráticas.

Los principales componentes y áreas de aplicación del modelo son:

- **Enfoque general:** promoción de la igualdad de género en los sectores de educación, comunicación, ciencia y cultura, con una perspectiva global y multidisciplinar.
- **Marco de referencia:** basado en la Estrategia de Igualdad de Género de la UNESCO (2014-2021, y actualizaciones posteriores), que establece las líneas prioritarias para la inclusión y la equidad en todos sus programas.
- **Ejes principales de medición:**

  - **Acceso:** igualdad de oportunidades para acceder a la información, la educación y los medios.
  - **Participación:** representación equilibrada de mujeres y hombres en la generación de contenidos y en los cargos de liderazgo.
  - **Representación:** análisis cualitativo de los mensajes, estereotipos y narrativas presentes en los medios y materiales educativos.
  - **Capacitación y desarrollo:** programas de formación en comunicación inclusiva y alfabetización mediática con perspectiva de género.

- **Aplicación en comunicación institucional:**

  - Revisión de los materiales audiovisuales y educativos para garantizar la diversidad y la equidad.
  - Inclusión de los indicadores de género en los proyectos culturales y mediáticos.
  - Formación de los equipos comunicativos en lenguaje inclusivo y representaciones equilibradas.
  - Evaluación del impacto educativo y social de las campañas públicas.

👁 EJEMPLO

Algunos ejemplos de indicadores adaptables al ámbito institucional son:

Categoría	Indicador	Fuente de verificación
Políticas	Existencia de protocolos de igualdad comunicativa	Documentos institucionales
Contenidos	Presencia equilibrada de mujeres y hombres en materiales de difusión	Análisis audiovisual
Formación	N.º de horas anuales de capacitación del personal en lenguaje inclusivo	Registro de formación
Accesibilidad	Cumplimiento de criterios de accesibilidad y diversidad cultural en materiales	Auditoría externa

Adaptación de los modelos internacionales a los contextos locales

La adaptación de los modelos internacionales de los indicadores de igualdad, como los de ONU Mujeres, EIGE y UNESCO, a los contextos locales es clave para garantizar su eficacia y relevancia. Aunque estos marcos ofrecen una base metodológica sólida, deben ajustarse a las realidades sociales, culturales e institucionales de cada territorio. Este proceso requiere un enfoque flexible que traduzca los principios globales en indicadores comprensibles, medibles y pertinentes, considerando otros factores como la estructura organizativa, la disponibilidad de los datos y la capacidad técnica local.

En la comunicación institucional, esta contextualización es esencial, ya que las prácticas y percepciones de género varían entre regiones. Ajustar los indicadores permite reflejar la diversidad cultural sin perder la coherencia con los estándares internacionales, facilitando tanto la evaluación interna como la rendición de cuentas. La adaptación debe realizarse mediante un trabajo colaborativo entre las instituciones, áreas de igualdad, equipos de comunicación y ciudadanía, fortaleciendo la legitimidad del proceso y promoviendo políticas comunicativas más inclusivas y sostenibles.

Las principales orientaciones para la adaptación institucional son:

- **Contextualización normativa:** analizar las leyes, las políticas y los planes locales en materia de igualdad para garantizar su coherencia con los marcos internacionales.
- **Selección participativa de indicadores:** involucrar a los equipos técnicos, representantes institucionales y ciudadanía en la identificación de las variables relevantes.
- **Adecuación cultural y lingüística:** adaptar el lenguaje, los conceptos y los enfoques metodológicos a la realidad sociocultural del territorio.
- **Fortalecimiento de las capacidades locales:** formar al personal responsable en la aplicación, medición y análisis de los indicadores con perspectiva de género.
- **Integración en sistemas de gestión existentes:** incluir los indicadores de igualdad en los planes estratégicos, memorias anuales y auditorías institucionales.
- **Seguimiento y mejora continua:** establecer los mecanismos de evaluación periódica que permitan ajustar los indicadores ante los nuevos desafíos o cambios sociales.

SABÍAS QUE...

La UNESCO y ONU Mujeres recomiendan que todos los proyectos de comunicación pública incluyan, al menos, un indicador alineado con los ODS 5 y 16, como garantía de transparencia y equidad institucional.

ACTIVIDAD COMPLEMENTARIA

3. Elabora una tabla comparativa en la que se recojan tres indicadores internacionales (uno del EIGE, uno de ONU Mujeres y uno de la UNESCO) que puedan adaptarse a la comunicación institucional de tu entorno. En la tabla debes recoger el organismo, el indicador, el propósito y una posible aplicación que pueda tener el indicador en tu entorno.

4.5. Validación participativa: implicar al equipo y a la ciudadanía en la definición de indicadores

La validación participativa es fundamental en la creación de los sistemas de indicadores con perspectiva de género, ya que garantiza su legitimidad, aplicabilidad y pertinencia social. Involucrar al personal técnico, directivo y a la ciudadanía permite que los indicadores reflejen de forma más precisa las realidades y necesidades del entorno. A diferencia de los procesos puramente técnicos, este enfoque colaborativo integra los conocimientos profesionales y los saberes ciudadanos, enriqueciendo la calidad de los indicadores y reforzando su carácter democrático al convertir la evaluación en una práctica compartida.

En la comunicación institucional, esta metodología facilita la identificación de los criterios relevantes sobre inclusión, lenguaje, representación y acceso a la información. Al incorporar diversas perspectivas, amplía la comprensión del impacto de los mensajes y fortalece las políticas públicas de igualdad. Además, al generar compromiso y corresponsabilidad, impulsa la aplicación de los indicadores y promueve una cultura institucional participativa, abierta y orientada a la mejora continua.

Las principales estrategias para la validación participativa son:

- ⮞ **Creación de grupos de trabajo mixtos:** integrar personal técnico, especialistas en igualdad, responsables de comunicación y representantes sociales.
- ⮞ **Talleres de cocreación de indicadores:** espacios dinámicos para discutir, priorizar y consensuar las variables que deben ser medidas.
- ⮞ **Consulta pública o encuestas ciudadanas:** recoger la percepción social sobre los criterios de equidad e inclusión comunicativa.
- ⮞ **Validación cruzada entre departamentos:** garantizar la coherencia de los indicadores con los objetivos estratégicos institucionales.
- ⮞ **Sesiones de retroalimentación:** presentar los indicadores preliminares y ajustar su formulación según los aportes recibidos.
- ⮞ **Documentación del proceso participativo:** registrar las decisiones, justificaciones y resultados para fortalecer la transparencia y la trazabilidad.

Ventajas de la validación participativa

La validación participativa aporta un valor añadido esencial al diseño y aplicación de los indicadores con perspectiva de género, al promover la construcción colectiva del conocimiento y fortalecer el compromiso institucional y ciudadano. Su principal virtud radica en la democratización de la evaluación, superando los modelos jerárquicos y abriendo espacios de diálogo que integran los puntos de vista profesionales, comunitarios y sociales. Este proceso enriquece la comprensión de los fenómenos y fomenta una comunicación institucional más justa y equitativa.

Además, mejora la calidad metodológica del sistema al permitir las revisiones colectivas que detectan los sesgos o ambigüedades, aumentando la fiabilidad y la pertinencia de los indicadores. Al generar esta corresponsabilidad entre los actores implicados, impulsa la participación en su implementación y seguimiento, consolidando una cultura organizacional basada en la transparencia, la colaboración y la mejora continua.

Algunos de los principales beneficios de la validación participativa son los siguientes:

- **Mayor legitimidad institucional:** los indicadores validados colectivamente gozan de una mayor aceptación y confianza por parte de los públicos.
- **Riqueza de perspectivas:** la diversidad de opiniones permite obtener una visión integral del impacto de la comunicación.
- **Mejora de la precisión técnica:** las revisiones colaborativas contribuyen a clarificar los conceptos y ajustar las metodologías.
- **Alineación con las necesidades reales:** los indicadores reflejan los problemas y las prioridades detectados por la ciudadanía y los equipos.
- **Fomento de la corresponsabilidad:** todas las partes se implican activamente en el cumplimiento de los objetivos de igualdad.
- **Impulso a la transparencia y la rendición de cuentas:** el proceso participativo refuerza la confianza pública y la credibilidad institucional.

Etapas del proceso de validación participativa

El proceso de validación participativa requiere una planificación estructurada que combine la coordinación institucional con la implicación de todos los actores, asegurando que los indicadores sean comprensibles, pertinentes y aplicables a los contextos reales. A diferencia de los enfoques puramente técnicos, se desarrolla en fases sucesivas que favorecen el diálogo, la revisión y la mejora progresiva, garantizando la coherencia con los objetivos de igualdad y comunicación inclusiva.

Su carácter iterativo permite que los resultados de cada etapa alimenten la siguiente, generando una retroalimentación constante que perfecciona los instrumentos de medición y refuerza su legitimidad. Además, la documentación de cada fase y de los acuerdos alcanzados fortalece la transparencia institucional, facilita la trazabilidad metodológica y consolida la confianza en el sistema de indicadores.

Las principales etapas del proceso son:

- **Preparación y planificación:** definición del objetivo de la validación, selección de los participantes y diseño del cronograma de trabajo.
- **Sensibilización y formación:** sesiones informativas para garantizar que todas las personas involucradas comprendan los principios de igualdad y los fundamentos metodológicos de los indicadores.
- **Revisión inicial de los indicadores:** análisis técnico preliminar por parte del equipo de trabajo para detectar las inconsistencias o los vacíos conceptuales.
- **Talleres participativos:** espacios de discusión y coevaluación donde se analizan los indicadores, se proponen los ajustes y se identifican las prioridades.
- **Validación técnica y social:** contraste final entre los aportes de los talleres y la viabilidad técnica de las modificaciones propuestas.
- **Aprobación institucional:** adopción formal de los indicadores validados por los órganos competentes de la organización.
- **Seguimiento y actualización:** evaluación periódica del grado de aplicación y efectividad de los indicadores, incorporando nuevas mejoras cuando sea necesario.

Técnicas participativas más utilizadas

Las técnicas participativas son herramientas clave en la validación de los indicadores con perspectiva de género, ya que facilitan la interacción, el intercambio de las experiencias y la toma de decisiones colectivas entre los equipos técnicos, el personal institucional, la ciudadanía y los especialistas. Estas metodologías permiten recoger una amplia diversidad de opiniones, enriqueciendo la construcción de los indicadores y fortaleciendo la cultura institucional basada en la igualdad, la transparencia y la colaboración.

Además de promover la inclusión, ayudan a detectar los sesgos o incoherencias en los instrumentos de evaluación mediante el uso de las dinámicas grupales, las consultas o los diálogos estructurados. La elección de la técnica debe ajustarse a los objetivos y características del grupo participante, combinando los métodos cuantitativos y cualitativos para garantizar un proceso integral y adaptado a los distintos niveles de análisis.

Las principales técnicas empleadas en procesos de validación participativa son:

- **Grupos focales:** reuniones estructuradas en las que se debate sobre los indicadores propuestos, permitiendo obtener información cualitativa y consensuar los criterios de evaluación.

➲ **Talleres de cocreación:** espacios colaborativos donde se diseñan, reformulan o priorizan los indicadores mediante dinámicas grupales y metodologías ágiles.

➲ **Mapas conceptuales colectivos:** representación visual conjunta de las relaciones entre las variables, los objetivos y los resultados esperados de los indicadores.

➲ **Técnica Delphi:** consulta a expertos y expertas en varias rondas anónimas, con retroalimentación entre las fases para lograr un consenso metodológico.

➲ **Encuestas participativas:** herramientas estructuradas que permiten recoger la percepción ciudadana o del personal sobre la relevancia y la claridad de los indicadores.

➲ **Matrices de priorización:** instrumentos que facilitan la selección de los indicadores en función de criterios como la relevancia, la viabilidad o el impacto potencial.

➲ **Dinámicas de lluvia de ideas y votación ponderada:** métodos rápidos para generar propuestas, valorar alternativas y acordar decisiones colectivas.

 IMPORTANTE

El proceso participativo debe ser equilibrado y representativo: no basta con invitar a organizaciones formales; también es necesario incluir grupos infrarrepresentados (jóvenes, personas mayores, diversidad funcional, población migrante).

Gracias a las dinámicas grupales se facilita la interacción, el intercambio de las experiencias y la toma de decisiones colectivas entre los equipos técnicos, el personal institucional, la ciudadanía y los especialistas.

TAREA 6

El Ayuntamiento de Villa Igualdad ha lanzado una campaña titulada "Tu voz también cuenta", cuyo objetivo es fomentar la participación ciudadana en los presupuestos municipales.

La campaña incluye un cartel, un vídeo y varias publicaciones en redes sociales. En el cartel aparecen dos hombres jóvenes tomando decisiones en una mesa de trabajo, mientras que una mujer sonríe desde el fondo, fuera del grupo principal. El eslogan central dice: "Participa por el futuro de tu ciudad".

El equipo de comunicación ha recibido críticas de algunas asociaciones locales, que consideran que la campaña no refleja adecuadamente la igualdad de género. Por ello, el ayuntamiento ha decidido revisar el proceso de comunicación desde una perspectiva inclusiva, aplicando indicadores de género.

Tu papel, como asesor en comunicación inclusiva, consiste en diseñar y validar los indicadores que permitan evaluar si la campaña cumple criterios de igualdad. Para ello, elabora dos indicadores iniciales que permitan medir la representación y el lenguaje en la comunicación institucional, verificar la calidad de los indicadores, y elaborar el indicador validado y mejorado.

ACTIVIDAD 6

Una dirección general de comunicación quiere revisar los indicadores que utiliza para evaluar sus campañas institucionales. En los años anteriores, los resultados se medían únicamente a través de los datos cuantitativos, sin considerar la percepción ciudadana ni los impactos en materia de igualdad.

Para mejorar el proceso, el nuevo equipo propone un modelo más participativo. Se han creado grupos de trabajo mixtos integrados por personal técnico y representantes de la sociedad civil, donde se realizan talleres de cocreación de indicadores. Además, se ha organizado una consulta pública en línea para recoger las opiniones de la ciudadanía y se establecen sesiones de retroalimentación con los distintos departamentos para validar los avances. Todo el proceso queda documentado de forma transparente, facilitando la rendición de cuentas y la mejora continua.

Continúa en página siguiente >>

<< Viene de página anterior

Teniendo en cuenta las principales estrategias de validación participativa, ¿cuál de las siguientes acciones resulta más coherente con la evaluación desde una perspectiva de género?

a. La creación de grupos de trabajo mixtos, porque promueve la colaboración entre profesionales y ciudadanía con criterios de equidad.
b. La documentación del proceso participativo, porque basta con registrar los pasos sin implicar a la ciudadanía.
c. La validación cruzada entre departamentos, porque garantiza que cada área mantenga su autonomía comunicativa.
d. Las consultas públicas o encuestas ciudadanas, porque reemplazan la necesidad de revisar los indicadores técnicos.

5. Registro y tratamiento de los datos en la evaluación

☞ HILO CONDUCTOR

Con los indicadores bien definidos, ha llegado el momento de organizar y registrar los datos obtenidos. Alberto, a través de una hoja de cálculo, calcula los porcentajes de representación por género, mientras que Estíbaliz ha desarrollado una ficha de observación donde anota el tipo de roles visuales y narrativos presentes.

Durante la revisión, se darán cuenta de que registrar no es solo almacenar datos, sino darles sentido para orientar las acciones de cambio. Gracias a su sistema de registro uniforme, pueden identificar con precisión dónde existen los desequilibrios y proponer las mejoras concretas para las futuras campañas.

El registro de los datos es una etapa esencial del proceso de evaluación, ya que conecta la recogida de la información con el análisis de los resultados. En esta fase se organiza y se sistematiza la información obtenida mediante las distintas técnicas aplicadas, asegurando los hallazgos verificables y claros que respalden las decisiones basadas en evidencias. Al evaluar la comunicación con perspectiva de género, este registro debe reflejar las diferencias y desigualdades de representación entre las mujeres, los hombres y el resto de los colectivos, permitiendo identificar las brechas y los sesgos que podrían pasar inadvertidos.

Más allá de su función técnica, el registro tiene implicaciones éticas y sociales, ya que orienta las estrategias de comunicación inclusivas, refuerza la rendición de cuentas y promueve la transparencia institucional. Para ello, la sistematización debe seguir unos criterios claros de categorización, codificación y almacenamiento, con las variables de género definidas, los formatos estandarizados y el proceso centrado en la protección de los datos de las personas implicadas.

5.1. Aspectos clave del registro de los datos

El registro de los datos es una fase esencial en toda evaluación con perspectiva de género, ya que garantiza la fiabilidad, la coherencia y la comparabilidad de los resultados. En los sistemas de indicadores, la forma en la que se recopila y clasifica la información determina la calidad del análisis posterior. Este proceso debe entenderse como una práctica técnica y ética, donde se decide qué información es relevante y cómo se preserva su integridad. Incorporar la perspectiva de género implica reflejar de forma equilibrada las diferencias y las desigualdades entre las mujeres, los hombres y el resto de los grupos sociales.

La estandarización de los registros facilita la replicabilidad y el seguimiento a lo largo del tiempo, permitiendo la comparación de periodos, identificar las tendencias y mantener la credibilidad del sistema. Además, debe regirse por los principios básicos de protección y transparencia, garantizando la confidencialidad de los datos, el cumplimiento normativo y la documentación de los procedimientos. Así, el registro se convierte en una herramienta que combina el rigor técnico, la responsabilidad institucional y la confianza social.

Entre los aspectos clave del registro de datos se encuentran:

- ➲ **Organización y clasificación:** ordenar la información según las variables, fuentes y técnicas utilizadas, asegurando su coherencia interna.
- ➲ **Codificación estandarizada:** asignar códigos consistentes para facilitar la comparación entre los periodos, departamentos o proyectos.

- ⮑ **Inclusión de perspectiva de género:** registrar explícitamente la representación de las mujeres, hombres y otros grupos sociales, evitando los sesgos en la interpretación.
- ⮑ **Protección y confidencialidad:** garantizar que los datos personales o sensibles se almacenan de forma segura y conforme a la normativa vigente.
- ⮑ **Transparencia y trazabilidad:** mantener registros claros y verificables que permitan reproducir los análisis y validar las conclusiones alcanzadas.

RECUERDA

Una gestión adecuada del registro de datos constituye la base sobre la cual se sustenta la fiabilidad de cualquier sistema de indicadores. Su correcta aplicación permite obtener resultados sólidos, éticos y comparables, asegurando que las políticas y estrategias de igualdad se apoyen en información veraz y bien documentada. En este sentido, el registro de datos no es solo un procedimiento técnico, sino una garantía de calidad y de compromiso con la transparencia institucional.

5.2. Características de un buen registro de datos

Un buen registro de datos es la base de un sistema de evaluación fiable y transparente, ya que su calidad determina la precisión de los indicadores y la utilidad de los resultados. En la gestión con perspectiva de género, la forma de registrar la información es tan relevante como los mismos datos, ya que de ella depende la visibilidad de las desigualdades y la capacidad para medir los avances hacia la igualdad. Para ser efectivo, el registro debe regirse por criterios técnicos de organización, consistencia y trazabilidad, definiendo variables claras, empleando formatos estandarizados y asegurando continuidad en el tiempo.

Además, debe incorporar un enfoque ético y de derechos, garantizando la confidencialidad y evitando la reproducción de sesgos o discriminaciones. La perspectiva de género exige registrar las cifras como los contextos y experiencias diversas. Un registro bien diseñado debe ser útil, accesible y comprensible, y debe funcionar como una herramienta viva de gestión que oriente las decisiones, promueva la rendición de cuentas y consolide una cultura institucional basada en la igualdad.

Las principales características de un registro de datos de calidad son:

- **Claridad y estructura:** los datos deben registrarse siguiendo un formato ordenado, con campos definidos y variables claramente identificadas.
- **Consistencia y estandarización:** aplicar los mismos criterios de registro a lo largo del tiempo para garantizar la comparabilidad y la fiabilidad.
- **Integración de la perspectiva de género:** incluir las variables que reflejen la participación y representación de las mujeres, de los hombres y del resto de los grupos sociales.
- **Actualización periódica:** revisar y mantener la información al día, evitando los datos obsoletos o incompletos.
- **Verificabilidad:** asegurar que los datos puedan contrastarse con las fuentes originales o ser auditados por terceros.
- **Accesibilidad y comprensión:** los registros deben ser legibles y estar disponibles para las personas responsables del análisis y la toma de decisiones.
- **Seguridad y confidencialidad:** proteger los datos personales y sensibles conforme a la normativa vigente de protección de la información.

5.3. Tipos de formatos de registro

El uso de los formatos adecuados para registrar la información es esencial para garantizar la coherencia, la comparabilidad y la eficacia en la evaluación de la comunicación con perspectiva de género. Cada formato debe responder a unas necesidades específicas y permitir una organización clara, accesible y útil de los datos, teniendo en cuenta la facilidad de uso, la rapidez en la recolección y la integración en los sistemas electrónicos. La combinación de los distintos formatos ofrece una visión más completa del estudio, abarcando tanto la calidad del contenido como la percepción del público y las prácticas organizacionales.

El registro debe realizarse de forma sistemática y estandarizada, incorporando la desagregación por género y otras variables relevantes para detectar las inequidades o los sesgos en los mensajes y materiales. Además, los formatos cumplen una función ética y administrativa, al documentar de manera transparente el proceso de evaluación y servir como base para otros informes y decisiones estratégicas orientadas a la inclusión y la equidad.

Los principales tipos de formatos de registro son:

- **Fichas de observación:** para registrar los comportamientos, la participación y los roles en las actividades comunicativas.
- **Tablas de codificación:** para organizar la información obtenida del análisis de contenido o de las encuestas.
- **Matrices de seguimiento:** para comparar los datos de diferentes periodos o campañas.
- **Bases de datos electrónicas:** útiles para sistematizar la información y generar los informes automáticos.
- **Listas de verificación digitalizadas:** permiten evaluar el cumplimiento de los criterios inclusivos en tiempo real.

 **EJEMPLO**

Un departamento de comunicación desea registrar los datos obtenidos tras evaluar una campaña institucional sobre corresponsabilidad familiar, para lo que ha establecido la siguiente tabla.

Elemento evaluado	Indicador	Dato recogido	Formato de registro	Acción derivada
Representación visual	% de mujeres y hombres en las imágenes	45 % mujeres 55 % hombres	Matriz de observación gráfica	Ajustar paridad en futuras campañas.
Lenguaje utilizado	N.° de expresiones neutras frente a masculinas genéricas	80 % inclusivas 20 % masculinas	Hoja de control lingüístico	Revisar guion antes de la próxima emisión.
Participación del público	Nivel de percepción de igualdad (escala 1-5)	Media: 4,2	Base de datos de encuestas	Mantener la estrategia comunicativa actual

IMPORTANTE

El registro solo tiene valor si conduce a la acción.

No basta con acumular datos: estos deben interpretarse y utilizarse para orientar decisiones futuras, corregir los sesgos y diseñar otras estrategias más inclusivas.

ACTIVIDAD 7

Un equipo técnico de comunicación institucional está implementando un nuevo sistema de registro de datos para evaluar el impacto de sus campañas. En las ocasiones anteriores, los registros eran poco claros, con categorías redundantes y sin desagregación por género. Esto dificultaba la interpretación de los resultados y la planificación de acciones correctivas.

Para resolverlo, el equipo ha diseñado un formato estándar que garantiza la claridad y estructura de la información. Se incluyen los campos específicos para identificar la integración de la perspectiva de género y los mecanismos de verificabilidad que permitan comprobar la exactitud de los datos. Además, el sistema se actualizará periódicamente, ofreciendo una presentación accesible y comprensible para todos los departamentos, y asegurará la confidencialidad y seguridad de la información recopilada.

Según las características de un registro de datos de calidad, ¿qué aspecto resulta esencial para garantizar que la información registrada contribuya efectivamente a la igualdad y la mejora comunicativa?

TAREA 7

Como responsable del departamento de comunicación de un centro educativo y, tras realizar una campaña sobre igualdad y convivencia, has recogido los siguientes datos:

Continúa en página siguiente >>

<< Viene de página anterior

- En el material gráfico, aparece un 40 % de mujeres y un 60 % de hombres.
- El análisis del lenguaje muestra un 90 % de expresiones inclusivas y un 10 % con sesgo masculino en términos técnicos.
- La encuesta de percepción del público otorga una puntuación media de 4,5 sobre 5 en equidad comunicativa.
- En la participación en actividades, se observa una proporción de 55 % mujeres y 45 % hombres.
- De los 5 vídeos publicados, solo dos presentan liderazgo femenino.

Elabora una tabla de registro de datos que permita organizar esta información.

6. Resumen

La evaluación de la comunicación con perspectiva de género constituye un proceso esencial para garantizar la calidad, la equidad y la transparencia en los mensajes institucionales, educativos o sociales. No se trata únicamente de medir resultados, sino de analizar cómo los mensajes representan a las personas, qué valores transmiten y qué transformaciones promueven en la sociedad. La finalidad es construir procesos comunicativos más justos, inclusivos y coherentes con los principios de igualdad.

En este marco, planificar la evaluación resulta una herramienta estratégica. Permite definir unos objetivos claros, con indicadores pertinentes y empleando los métodos de análisis que aseguren la fiabilidad de los resultados. La planificación con enfoque de género integra los criterios de equidad, representatividad y diversidad en todas las etapas del proceso: desde la definición de los objetivos hasta la interpretación de los datos y la elaboración de los informes. Evaluar no es solo revisar lo que se comunica, sino también transformar la comunicación para hacerla más inclusiva y participativa.

Las fases básicas de un proceso de planificación son:

Definición de objetivos de evaluación

Determinación de los criterios e indicadores

Continúa en página siguiente >>

<< Viene de página anterior

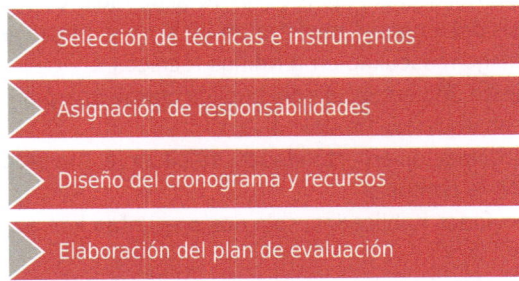

Selección de técnicas e instrumentos

Asignación de responsabilidades

Diseño del cronograma y recursos

Elaboración del plan de evaluación

En la planificación con perspectiva de género se deben considerar los siguientes aspectos:

- Diagnóstico inicial con enfoque inclusivo
- Definición de objetivos equitativos
- Lenguaje y mensajes no sexistas
- Participación equilibrada
- Indicadores sensibles al género
- Formación y sensibilización del equipo
- Revisión y mejora continua

La digitalización se ha convertido en una aliada clave de la planificación inclusiva. Las herramientas colaborativas, como *Trello, Google Drive* o las plataformas de encuestas, facilitan la organización equitativa del trabajo, la trazabilidad de los procesos y la transparencia en la gestión. Su aplicación favorece la participación de todos los miembros del equipo y contribuye a eliminar barreras tecnológicas y organizativas.

Las distintas herramientas de apoyo se pueden agrupar en:

- Gestores de proyectos
- Herramientas de comunicación interna
- Plataformas de encuestas y análisis de datos
- Sistemas de diseño colaborativo
- Redes sociales y gestores de contenido
- Herramientas de accesibilidad digital
- Plataformas de formación en línea

Asimismo, la coordinación interdepartamental y el liderazgo inclusivo son factores determinantes para garantizar la coherencia institucional. Los proyectos de comunicación con enfoque de género requieren el compromiso conjunto de las distintas áreas y una cultura organizativa basada en la colaboración, la equidad y la rendición de cuentas.

La gestión del tiempo y de los recursos también forma parte de la calidad comunicativa. Una buena organización temporal y presupuestaria permite equilibrar la carga de trabajo, aprovechar los recursos disponibles y mantener la coherencia entre los valores institucionales y las acciones emprendidas. Integrar la igualdad en el presupuesto transforma la gestión económica en un acto de responsabilidad social.

Los principios fundamentales para gestionar el tiempo de forma efectiva son:

Finalmente, los casos prácticos de evaluación comunicativa demuestran que planificar con perspectiva de género mejora la eficacia, la credibilidad y la legitimidad de las campañas institucionales. Evaluar implica aprender y ajustar las estrategias, garantizando que los mensajes públicos no solo informen, sino que también promuevan la igualdad, la diversidad y la participación ciudadana.

Para garantizar la validez de los resultados, la observación debe estructurarse a través de una secuencia de pasos claramente definidos:

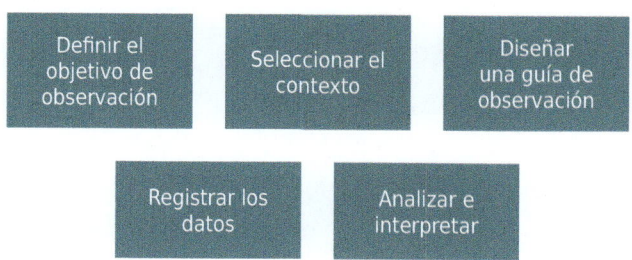

La estandarización de los registros facilita la replicabilidad, el seguimiento temporal y la comparación de las tendencias, manteniendo la credibilidad del sistema. Debe regirse por los principios de protección y transparencia para asegurar la confidencialidad, el cumplimiento normativo y la documentación adecuada. Así, el registro integra rigor técnico, responsabilidad institucional y confianza social.

Entre los aspectos clave del registro de datos se encuentran:

- ● Organización y clasificación
- ● Codificación estandarizada
- ● Inclusión de perspectiva de género
- ● Protección y confidencialidad
- ● Transparencia y trazabilidad

Ejercicios de autoevaluación
Unidad de Aprendizaje 2

1. Indica si las siguientes oraciones son verdaderas o falsas.

a. La planificación de la evaluación comunicativa se limita únicamente a definir objetivos sin necesidad de establecer indicadores.

- ■ Falso
- ■ Verdadero

b. Integrar la perspectiva de género implica considerar la equidad y la diversidad en todas las fases del proceso comunicativo.

- ■ Falso
- ■ Verdadero

c. Las herramientas digitales no tienen relación con la comunicación inclusiva.

- ■ Falso
- ■ Verdadero

d. Un liderazgo inclusivo promueve la participación equitativa y la corresponsabilidad dentro del equipo.

- ■ Falso
- ■ Verdadero

2. ¿Cuál es el propósito principal de la evaluación de la comunicación con perspectiva de género?

a. Analizar la rentabilidad económica.
b. Identificar errores ortográficos.
c. Medir la calidad y la equidad en los procesos comunicativos.
d. Revisar el lenguaje técnico.

3. ¿Qué garantiza una buena planificación evaluativa?

a. El ahorro de recursos económicos
b. La coherencia y transparencia del proceso

    c. La improvisación de tareas

    d. La reducción de personal

4. ¿Qué aspecto asegura la integración de la perspectiva de género?

    a. El uso de lenguaje técnico

    b. La eliminación de indicadores

    c. La participación equilibrada de mujeres y hombres

    d. La reducción de tiempos de trabajo

5. ¿Qué técnica combina datos numéricos y testimonios?

    a. Auditoría comunicativa

    b. Observación

    c. Revisión documental

    d. Técnica mixta

6. ¿Qué documento unifica criterios de comunicación inclusiva?

    a. Guía de estilo

    b. Informe anual

    c. Manual técnico

    d. Registro contable

7. ¿Qué herramienta digital se utiliza para coordinar tareas y plazos?

    a. *Canva*

    b. *Instagram*

    c. *NVivo*

    d. *Trello*

8. ¿Qué indicador mide la participación equilibrada?

    a. Nivel de gasto

    b. Número total de reuniones

    c. Porcentaje de mujeres y hombres en roles activos

    d. Promedio de publicaciones

9. **¿Qué principio ético debe regir la evaluación comunicativa?**

    a. Competencia
    b. Confidencialidad
    c. Productividad
    d. Rentabilidad

10. **¿Qué objetivo cumple una auditoría comunicativa?**

    a. Controlar al personal.
    b. Evaluar integralmente todos los canales de comunicación.
    c. Medir el impacto económico.
    d. Revisar solo los textos.

Glosario

Accesibilidad comunicativa
Capacidad de los mensajes, materiales y canales para ser comprendidos, utilizados y disfrutados por todas las personas, independientemente de sus condiciones físicas, sensoriales o cognitivas.

Agente de igualdad
Profesional especializado que asesora, diseña y evalúa estrategias para garantizar la igualdad de género en las políticas, programas y comunicaciones de una organización.

Análisis de contenido
Técnica de evaluación que examina textos, imágenes y discursos para detectar sesgos, estereotipos o desigualdades de género.

Análisis discursivo
Método cualitativo centrado en la interpretación de los significados, estructuras y tonos en los mensajes comunicativos.

Análisis interseccional
Perspectiva que estudia cómo se cruzan el género, la edad, el origen, la clase social o la discapacidad en la generación de desigualdades.

Androcentrismo
Visión del mundo que toma lo masculino como modelo universal, invisibilizando o subordinando las experiencias femeninas.

Auditoría comunicativa
Proceso integral que combina la observación, el análisis y las entrevistas para diagnosticar la equidad de género en la comunicación institucional.

Base de datos inclusiva
Sistema digital que organiza la información sobre la comunicación y el género con criterios de trazabilidad, transparencia y respeto a la protección de datos.

Calidad comunicativa con enfoque de género
Conjunto de criterios que garantizan que la comunicación sea inclusiva, diversa y respetuosa. La calidad no se limita a la corrección formal, sino también a la capacidad de representar y visibilizar a todas las personas.

Campaña inclusiva
Conjunto de acciones comunicativas planificadas con criterios de equidad, diversidad y participación.

Canales de comunicación accesibles
Vías de transmisión adaptadas a la diversidad de públicos mediante formatos claros, un lenguaje comprensible y un soporte tecnológico universal.

Checklist o lista de verificación
Herramienta rápida para comprobar que los mensajes cumplen los criterios de igualdad, lenguaje inclusivo y diversidad visual.

Comunicación inclusiva
Práctica profesional que evita toda forma de discriminación, visibilizando a mujeres, hombres y personas no binarias en igualdad de condiciones.

Contexto comunicativo
Entorno social, cultural e institucional en el que se emiten y reciben los mensajes. Determina cómo se interpretan los contenidos y qué impacto tienen.

Corresponsabilidad
Reparto equilibrado de las tareas domésticas, familiares y sociales entre mujeres y hombres, reconocido también en los mensajes comunicativos.

Credibilidad comunicativa
Grado de confianza que la ciudadanía deposita en la veracidad y coherencia de los mensajes emitidos.

Credibilidad institucional
Percepción pública de coherencia entre lo que una organización comunica y lo que realmente hace.

Desigualdad simbólica
Representación desigual en imágenes, lenguaje o roles que perpetúa la idea de que unos grupos tienen más valor o capacidad que otros.

Dimensión social de la comunicación
Aspecto que considera los valores, normas y percepciones que los mensajes transmiten a la sociedad.

Diversidad
Reconocimiento y respeto hacia las diferencias humanas como valor positivo. Abarca género, edad, origen, orientación sexual, religión o capacidades.

Empatía comunicativa
Habilidad para comprender las experiencias y emociones de las personas destinatarias del mensaje, garantizando respeto y sensibilidad cultural.

Empoderamiento comunicativo
Proceso por el cual las personas adquieren confianza y capacidad para expresarse y participar en los espacios de comunicación pública.

Equidad de género
Principio que busca garantizar las mismas oportunidades, derechos y trato entre mujeres y hombres, teniendo en cuenta sus diferencias y necesidades.

Estereotipos de género
Creencias simplificadas que atribuyen características o roles fijos a hombres y mujeres.

Evaluación comunicativa con perspectiva de género
Proceso de análisis de los mensajes, canales y representaciones para identificar desigualdades y proponer mejoras.

Evaluación participativa
Proceso en el que los distintos actores implicados, personal técnico, ciudadanía, asociaciones, etc. colaboran en la revisión de la comunicación.

Guía de comunicación inclusiva
Documento que reúne recomendaciones lingüísticas y visuales para elaborar mensajes respetuosos y representativos.

Indicadores de equidad comunicativa
Medidas que permiten valorar el grado de igualdad en los mensajes, imágenes y participación en los procesos comunicativos.

Innovación social en comunicación
Aplicación de nuevas ideas, herramientas o metodologías para promover la igualdad, la diversidad y la participación.

Interseccionalidad
Marco de análisis que examina cómo se entrecruzan múltiples factores (género, etnia, edad, orientación, discapacidad) para generar desigualdades.

Lenguaje claro y comprensible
Uso de estructuras sencillas, coherentes y directas que permiten entender la información sin ambigüedades.

Lenguaje inclusivo
Uso del lenguaje que evita la discriminación por razón de género u otras condiciones personales, optando por términos neutros o colectivos.

Lenguaje no sexista
Expresión verbal o escrita que evita excluir o subordinar a las mujeres mediante el uso de términos neutros o inclusivos.

Lista de control de calidad comunicativa
Herramienta de comprobación que valora si un mensaje cumple los criterios de igualdad, claridad y diversidad.

Matriz de indicadores
Instrumento que organiza variables cuantitativas y cualitativas para medir la equidad en los mensajes comunicativos.

Modelo comunicativo con enfoque de género
Esquema que analiza los componentes de la comunicación (emisor, mensaje, canal, receptor y contexto) incorporando criterios de igualdad y diversidad.

Observación sistemática
Método de recogida de datos que consiste en registrar de forma planificada las prácticas comunicativas para analizarlas desde la equidad.

Participación equitativa
Implicación equilibrada de mujeres y hombres en procesos de toma de decisiones, de comunicación o evaluación.

Perspectiva de género
Mirada analítica que permite identificar desigualdades, cuestionar roles tradicionales y proponer soluciones justas.

Plan de evaluación comunicativa
Documento que define objetivos, indicadores, técnicas, cronograma y responsables del proceso evaluativo.

Rúbrica de evaluación
Tabla que clasifica el cumplimiento de criterios (alto, medio, bajo) en el uso de lenguaje inclusivo, diversidad visual y participación.

Sexo
Condición biológica que distingue a mujeres y hombres según características anatómicas y fisiológicas.

Transversalidad de género
Incorporación sistemática de la igualdad en todas las políticas, programas y acciones de una organización.

Técnica de revisión documental
Procedimiento que analiza manuales, informes o protocolos para comprobar la presencia o ausencia de criterios de igualdad.

Triangulación de métodos
Combinación de diferentes técnicas (encuestas, análisis, observación) para aumentar la fiabilidad de los resultados de investigación.

Validación participativa
Proceso colaborativo en el que diversos actores (técnicos, ciudadanía, asociaciones) revisan y aprueban los indicadores de evaluación.

Violencia simbólica
Formas sutiles de discriminación o inferiorización transmitidas a través del lenguaje, las imágenes o los discursos.

Visibilización
Acción de mostrar y reconocer la presencia, aportes y capacidades de grupos históricamente invisibilizados.

Bibliografía

Monografías

→ CARMONA Ruíz, A.: *Sensibilización en la igualdad de oportunidades. FCOO02.* Antequera: IC Editorial, 2025.

> Manual formativo que introduce los conceptos básicos de igualdad de oportunidades, abordando los principios de equidad, respeto y no discriminación en el ámbito laboral y social, con actividades prácticas orientadas a la sensibilización.

→ CASTILLO Miranda, C.: *Igualdad de género.* Málaga: Ediciones Aljibe, 2022.

> Manual que recoge el marco conceptual y normativo de la igualdad entre mujeres y hombres, con ejemplos de aplicación educativa y social en contextos contemporáneos.

→ DEL POZO Pérez, M.: *Igualdad y violencia de género en una sociedad cambiante.* Madrid: Editorial Aranzadi, 2023.

> Libro que aborda la conexión entre violencia de género, legislación y transformación social, analizando los avances y retos de la igualdad en contextos laborales, educativos y mediáticos.

→ FLORES Anarte, L.: *Estado del bienestar y políticas públicas de igualdad en España: ¿Hacia la emancipación de la mujer?* Valencia: Editorial Tirant lo Blanch, 2020.

> Libro que analiza la evolución de las políticas de igualdad en España dentro del estado del bienestar, incorporando indicadores socioeconómicos y de participación femenina en la vida pública.

→ MENÉNDEZ Vega, C.: *Intervención socioeducativa para la igualdad.* Madrid: Editorial Editex, 2021.

> Manual didáctico diseñado para la formación profesional, en el que se abordan las estrategias educativas y sociales necesarias para promover la igualdad de oportunidades y prevenir la discriminación.

Textos electrónicos

→ Ayuntamiento de Madrid. *Guía de lenguaje inclusivo y no sexista.* Dirección General de Igualdad, de:
<https://www.madrid.es/UnidadesDescentralizadas/IgualdadDeOportunidades/Publicaciones/ficheros/guialenguajeinclusivoynosexista.pdf>.

> Página web institucional que ofrece pautas prácticas para el uso de un lenguaje inclusivo y no sexista en la comunicación municipal y en documentos oficiales.

→ Centro de Estudios Políticos y Constitucionales (CEPC). *Guía de aplicación de un lenguaje inclusivo.* Ministerio de la Presidencia, Relaciones con las Cortes y Memoria Democrática, de:
<https://www.cepc.gob.es/sites/default/files/2022-06/a-934-guia2021-21x15-web-corregida.pdf>.

> Documento técnico que orienta a las administraciones públicas en la adopción de un lenguaje no discriminatorio y respetuoso con la igualdad de género.

→ Consejo de la Unión Europea y Comisión Europea. *Comunicación inclusiva en la Secretaría General del Consejo de la Unión Europea,* de:
<https://www.consilium.europa.eu/es/resources/publications/inclusive-comm-gsc/>.

> Publicación de la Comisión Europea con recomendaciones para garantizar la inclusión y la diversidad en las comunicaciones oficiales de la UE.

→ Instituto Andaluz de la Mujer (IAM). *¿Piensas como hablas? Guía didáctica de lenguaje inclusivo.* Junta de Andalucía, de:
<https://www.juntadeandalucia.es/institutodelamujer/files/Guia_Piensas_como_hablas_definitiva.pdf>.

> Material didáctico que analiza los usos lingüísticos sexistas y propone alternativas inclusivas para el ámbito educativo y administrativo.

→ Ministerio de Justicia de España. *Guía para el uso de un lenguaje más inclusivo e igualitario.* Subdirección General de Igualdad, de:
<https://www.mjusticia.gob.es/es/AreaTematica/DocumentacionPublicaciones/InstListDownload/Guia%20lenguaje%20inclusivo.pdf>.

> Guía institucional que promueve el uso de lenguaje inclusivo en la Administración de Justicia, con ejemplos de redacción no sexista en documentos oficiales.

→ Ministerio de Transportes, Movilidad y Agenda Urbana (MITMA). *Guía de comunicación inclusiva y no sexista,* de: <https://cdn.mitma.gob.es/portal-web-drupal/igualdad-genero/guia2023_inclusiva_nosexista_16x24_ok.pdf>.

Publicación que ofrece orientaciones para integrar la igualdad y la diversidad en la comunicación interna y externa de los organismos públicos.

→ Naciones Unidas (ONU Mujeres). *Guía para el uso de un lenguaje inclusivo en cuanto al género,* de: <https://www.unwomen.org/sites/default/files/Headquarters/Attachments/Sections/Library/Gender-inclusive%20language/Guidelines-on-gender-inclusive-language-es.pdf>.

Documento oficial de ONU Mujeres que establece las pautas internacionales para emplear un lenguaje equitativo y libre de estereotipos de género.